주 의

- 이 책은 생물들이 싸워서 상처를 입도록 하려는 것이 아니라, 배틀을 통해 생물들의 생태와 생존 방식을 알아보는 것을 목적으로 한다.

- 이 책의 배틀 장면은 생물에 관한 깊은 이해를 돕기 위해 그들의 특징과 능력을 활용하여 가상으로 꾸민 것이다.

- 배틀 과정을 실감 나게 전달하기 위해 생생하게 표현한 생물들의 대결 그림으로 인해 간혹 공포를 느낄 수 있으므로 주의한다.

頂上決戦！ 日本の危険生物 最強王決定戦
<CHOJO KESSEN! NIHON NO KIKEN SEIBUTSU SAIKYOOU KETTEI SEN>
Copyright © STUDIO PORTO 2022
First published in Japan in 2022 by Seito sha Co., Ltd.
Korean translation rights arranged with Seito sha Co., Ltd.
through JM Contents Agency Co.
Korean edition copyright © 2023 by Glsongi Co., Ltd.

이 책의 한국어판 저작권은 JMCA 를 통한 저작권자와의 독점 계약으로 ㈜글송이에 있습니다.
저작권법에 의하여 한국 내에서 보호를 받는 저작물이므로 무단 전재와 무단 복제를 금합니다.

일러스트 : 아이마 타로(e-loop), 아오히토, 괴인후쿠후쿠, 가와사키 사토시,
정신암흑가 코우, 나가이 케이타, 난바 키비, 니시무라 코타, Moopic, 히라바야시 토모코
디자인 : 시바 토모유키(STUDIO DUNK)
사진제공 : iStock/Getty Images, PIXTA, photolibrary, UNIPHOTO PRESS
편집협조 : 와카사 카즈아키(STUDIO PORTO)

2023년 11월 10일 초판 2쇄 펴냄

편저 · Creature Story   **옮김** · 고경옥
펴낸이 · 이성호   **펴낸곳** · ㈜글송이
편집/디자인 · 이유미, 오영인, 임주용
마케팅 · 이성갑, 윤징명, 이헌정, 문현곤, 이동준
경영지원 · 최진수, 이인석, 진승현

출판 등록 · 2012년 8월 8일 제 2012-000169호   **주소** · 서울시 서초구 능안말 1길 1(내곡동)
전화 · 578-1560~1   **팩스** · 578-1562   **이메일** · gsibook01@naver.com

ISBN 979-11-7018-645-8 74080
     979-11-7018-635-9 (세트)

*잘못 만들어진 책은 바꾸어 드립니다.

초격돌
공포 생물 최강왕 결정전 개최

최강 공포 생물이 모이다!

인간이 생활하는 장소에는 비교적 위험한 생물이 적은 편이다. 하지만 깊은 산속이나 바다와 강에는 수많은 사나운 생물이 숨어 지내며, 생물계의 모든 생물은 살아남기 위한 싸움을 진행 중이다. 그런데 지구 환경이 달라지면서 공포를 일으키는 생물들이 인간의 생활 터전에서 그 모습을 드러내고 있다. 또한 다른 나라에서 유입된 생물들이 고유 생태계를 교란시키기도 한다.
미래 생태계는 어떻게 변할까? 우리 주변 생태계에서 맹위를 떨치는 48종의 생물이 공포 생물 배틀 전용인 가상의 결투장에 모였다. 어쩌면 이들의 대결에서 생태계의 미래를 조금은 엿볼 수 있을 것이다.

어떤 공포 생물이 참가했을까?

공포 생물 최강왕 결정전에는 현재 존재하거나 예전에 존재했던 생물 중, 각각의 생태계에서 모두가 두려워하는 생물이 참가한다.
이들 생물은 깊은 산속이나 바다와 강, 인간이 생활하는 장소 등 다양한 곳에서 서식한다. 커다란 몸집으로 살아남은 생물과 엄니와 발톱 등의 무기를 지닌 생물, 빠르게 움직이는 생물, 독을 사용하는 생물 등 저마다 다른 방식으로 적을 상대한다.

각자 다른 생태계와 지역에서 정상에 올라 있는 공포 생물이 다른 생태계의 강자와 맞닥뜨렸을 때 전투력의 우위가 명확히 드러날 것이다.

상상을 뛰어넘는 배틀!

일본늑대와 일본수달처럼 멸종한 생물도 대회에 참가하기 위해 부활했다. 공룡이나 고생물처럼 정보가 명확하게 밝혀지지 않은 생물은 참가하지 못했다. 또한 뉴트리아나 악어거북처럼 다른 나라에 유입되어 생존한 생물, 상어처럼 바다를 떠돌다 근해에 모습을 나타낸 생물도 참가했다.
몸길이와 몸무게, 신체 능력, 몸의 구조, 지능, 성질 등이 완전히 다른 생물이 펼치는 배틀은 실제 자연계에서는 일어나지 않는 일이다. 이번 대회의 매력은 이처럼 상상을 뛰어넘는 배틀을 치르며 각 생물의 특성을 알 수 있다는 것이다.

일본늑대 　　　 악어거북

※ 생물의 명칭이나 생태에 관해 여러 가지 다른 주장이 존재하지만, 이 책에서는 가장 일반적인 주장과 약칭으로 소개한다.

목표는 결승 토너먼트 진출!

48종의 출전 생물 중에 16종의 생물은 토너먼트 우선 진출권을 갖고 있어서 2회전부터 등장한다. 1회전부터 출전하는 생물은 정상에 오르기까지 여섯 번의 배틀에서 승리해야 한다.
대회는 총 47번의 배틀이 열리며 무승부는 인정하지 않는다. 따라서 모든 배틀은 승부가 결정될 때까지 계속된다. 또한 승패에는 실력뿐 아니라 배틀의 흐름과 전개, 상대방과의 호흡 등 운도 작용한다.

다양한 무대로 펼쳐지는 가상 결투장

서식하는 장소가 각자 달라 전용 결투장에서 대회가 치러진다. 산과 숲, 바다, 강이나 마을 등 모두 다른 장소에서 결투를 벌인다. 결투 장소는 배틀의 전개에도 큰 영향을 주며 결투장의 특성을 잘 이용하는 생물이 당연히 유리할 것이다. 또한 날씨와 기상 현상, 대결하는 시간대도 배틀마다 다르다. 자연 현상과 인간이 만든 환경 또는 인간의 행동이 배틀의 운명을 결정짓기도 한다.

배틀에서 패하면 그대로 탈락!

총 48종의 생물이 출전!

※대진표는 14-17쪽에서 소개한다.

출전 공포 생물

산양

#01
➡ P20

일본족제비

#02
➡ P21

붉은불개미

#03
➡ P24

일본원숭이

#04
➡ P25

날다람쥐

#05
➡ P28

흰코사향고양이

#06
➡ P29

일본수달

#07
➡ P32

고깔해파리

#08
➡ P33

파란고리문어

#09
➡P36

스톤피시

#10
➡P37

투계
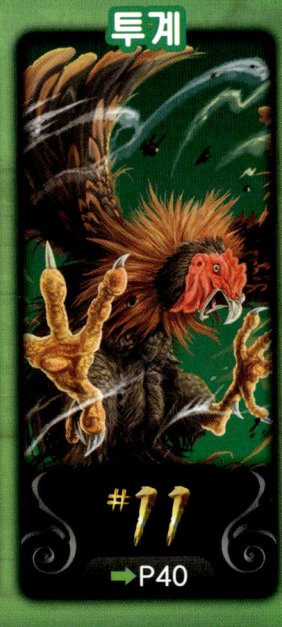
#11
➡P40

붉은머리왕지네

#12
➡P41

늑대거북

#13
➡P44

살쾡이

#14
➡P45

대륙사슴

#15
➡P48

산거머리

#16
➡P49

출전 공포 생물

큰부리까마귀

#17 ➡ P56

수수두꺼비

#18 ➡ P57

넓은띠큰바다뱀

#19 ➡ P60

너구리

#20 ➡ P61

고슴도치

#21 ➡ P64

작은갈색전갈

#22 ➡ P65

라쿤

#23 ➡ P68

붉은등과부거미

#24 ➡ P69

무태장어

#25
➡ P72

뉴트리아

#26
➡ P73

귀상어

#27
➡ P76

노랑가오리

#28
➡ P77

대만반시뱀

#29
➡ P80

시궁쥐

#30
➡ P81

블래키스톤물고기잡이부엉이

#31
➡ P84

아프리카왕달팽이

#32
➡ P85

출전 공포 생물

에조불곰	북방여우	물소	백상아리

#33 ➡ P90	#34 ➡ P91	#35 ➡ P96	#36 ➡ P97

범고래	반달가슴곰	투우	유혈목이

#37 ➡ P102	#38 ➡ P103	#39 ➡ P108	#40 ➡ P109

#33~48은 토너먼트 우선 진출권을 가지고 있어서 2회전부터 등장한다.

일본늑대

#41
➡ P118

참수리

#42
➡ P119

장수말벌

#43
➡ P124

투견

#44
➡ P125

엘리게이터 가아

#45
➡ P130

악어거북

#46
➡ P131

멧돼지

#47
➡ P136

몽구스

#48
➡ P137

배틀의 6가지 규칙

1 배틀은 1 대 1로 겨룬다

배틀에 동료를 끌어들이면 실격으로 처리한다. 상대방의 체격이 훨씬 클 때는 특별 규칙을 적용하여 집단으로 싸우는 배틀을 인정한다. 단, 평소에 단독으로 행동하는 생물은 동료와 연합할 수 없다.

2 결투장의 물건은 사용 가능

나뭇가지나 돌을 무기로 사용할 수 있다. 유빙이나 구멍 같은 자연계 환경과 건물이나 자동차처럼 인공적인 물건을 이용한 전술도 인정한다. 단, 배틀과 관계없는 다른 생물을 의도적으로 끌어들이는 것은 금지한다.

3 승패가 결정될 때까지 싸움을 계속한다

상대방이 배틀을 지속하지 못할 때 승리로 판정한다. 또한 결투장에서 벗어나거나 도망쳤을 때는 심판의 판단으로 시합을 포기한 것으로 간주해 패배로 처리한다. 무승부는 없으며 동시에 다운되었을 때는 먼저 일어난 쪽이 승리한다.

4 부상은 회복한 뒤 시합에 참가한다

모든 배틀에서 자신의 실력을 발휘할 수 있도록 이전 시합의 부상은 완전히 회복한 뒤 다음 배틀에 참여한다. 독 공격을 당했더라도 승리했다면 다시 살아날 수 있다. 시합 도중에 체력을 회복하기 위해 잠시 몸을 피하는 것도 인정한다.

더 궁금한 공포 생물 이야기

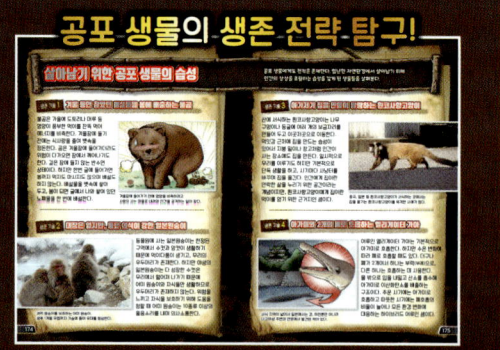

고대 공포 생물 철저 분석!
과거에 맹위를 떨쳤던 생물과 미래에 위험해질 수 있는 생물을 소개한다.

공포 생물의 생존 전략 탐구!
공포 생물이 인간을 해친 사건과 자연계에서 살아남는 전략을 소개한다.

5 가상 결투장의 설정

총 47번의 배틀은 각각 다른 결투장에서 치러진다. 산과 숲속, 바다와 강 같은 자연계 장소나 공원, 도시, 신사, 절과 같이 인간이 생활하는 장소도 결투장으로 이용한다.

숲속과 산악 지대

깊은 숲속이나 바위 지대, 벼랑 등 움직이기 어려운 곳이라 싸움에 영향을 끼친다.

바다와 강 등의 물가

해안, 바다, 강, 호수 등 물의 환경에 따라 시합의 전개가 달라진다.

논밭과 마을

인간과 생물이 공존하는 곳이다. 사방이 개방되어 더욱 격렬한 결투가 펼쳐진다.

도시와 공원

인간의 생활권에서 벌어지는 시합으로 건물이나 인공적인 요소 때문에 예상치 못한 전개가 펼쳐진다.

6 우승자의 명예

패하면 탈락하는 토너먼트로 마지막 1종의 공포 생물만이 최종 우승의 기쁨을 누린다.
마지막까지 승리를 이어가는 공포 생물만이 '공포 생물 최강왕 결정전' 우승자의 칭호를 얻는다.

토너먼트 A 그룹

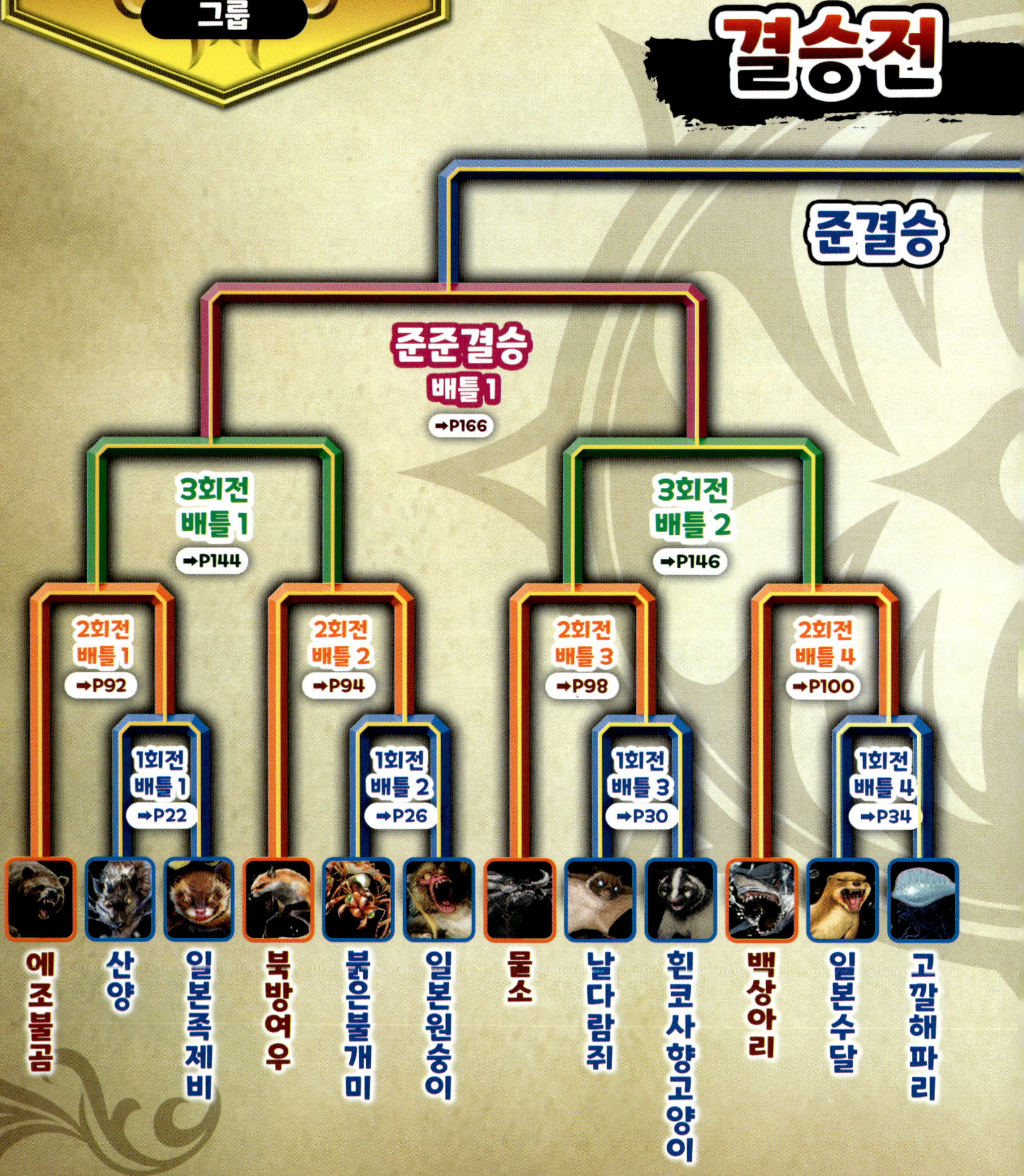

결승전

준결승

준준결승
배틀 1 ➡P166

3회전
- 배틀 1 ➡P144
- 배틀 2 ➡P146

2회전
- 배틀 1 ➡P92
- 배틀 2 ➡P94
- 배틀 3 ➡P98
- 배틀 4 ➡P100

1회전
- 배틀 1 ➡P22
- 배틀 2 ➡P26
- 배틀 3 ➡P30
- 배틀 4 ➡P34

참가자: 에조불곰 · 산양 · 일본족제비 · 북방여우 · 붉은불개미 · 일본원숭이 · 물소 · 날다람쥐 · 흰코사향고양이 · 백상아리 · 일본수달 · 고깔해파리

육지와 수생 생물은 물론이고 대형, 중형, 소형 생물이 골고루 참가했다. 거대 생물인 에조불곰과 반달가슴곰이 포함되어 격렬한 시합이 예상되는 그룹이다.

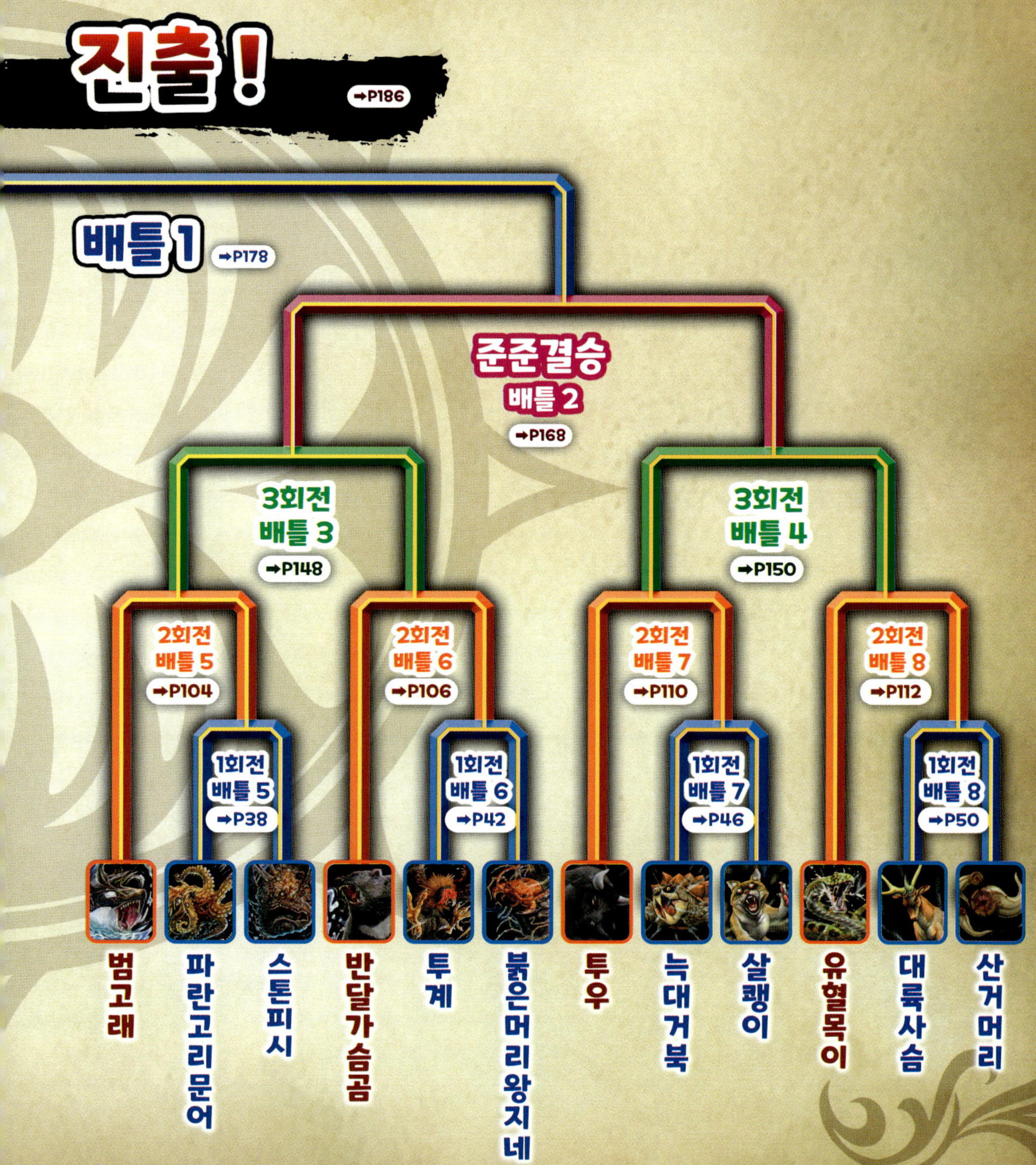

진출! ➡P186

- 배틀 1 ➡P178
- 준준결승 배틀 2 ➡P168
- 3회전 배틀 3 ➡P148
- 3회전 배틀 4 ➡P150
- 2회전 배틀 5 ➡P104
- 2회전 배틀 6 ➡P106
- 2회전 배틀 7 ➡P110
- 2회전 배틀 8 ➡P112
- 1회전 배틀 5 ➡P38
- 1회전 배틀 6 ➡P42
- 1회전 배틀 7 ➡P46
- 1회전 배틀 8 ➡P50

범고래 / 파란고리문어 / 스톤피시 / 반달가슴곰 / 투계 / 붉은머리왕지네 / 투우 / 늑대거북 / 살쾡이 / 유혈목이 / 대륙사슴 / 산거머리

토너먼트 B 그룹

결승전

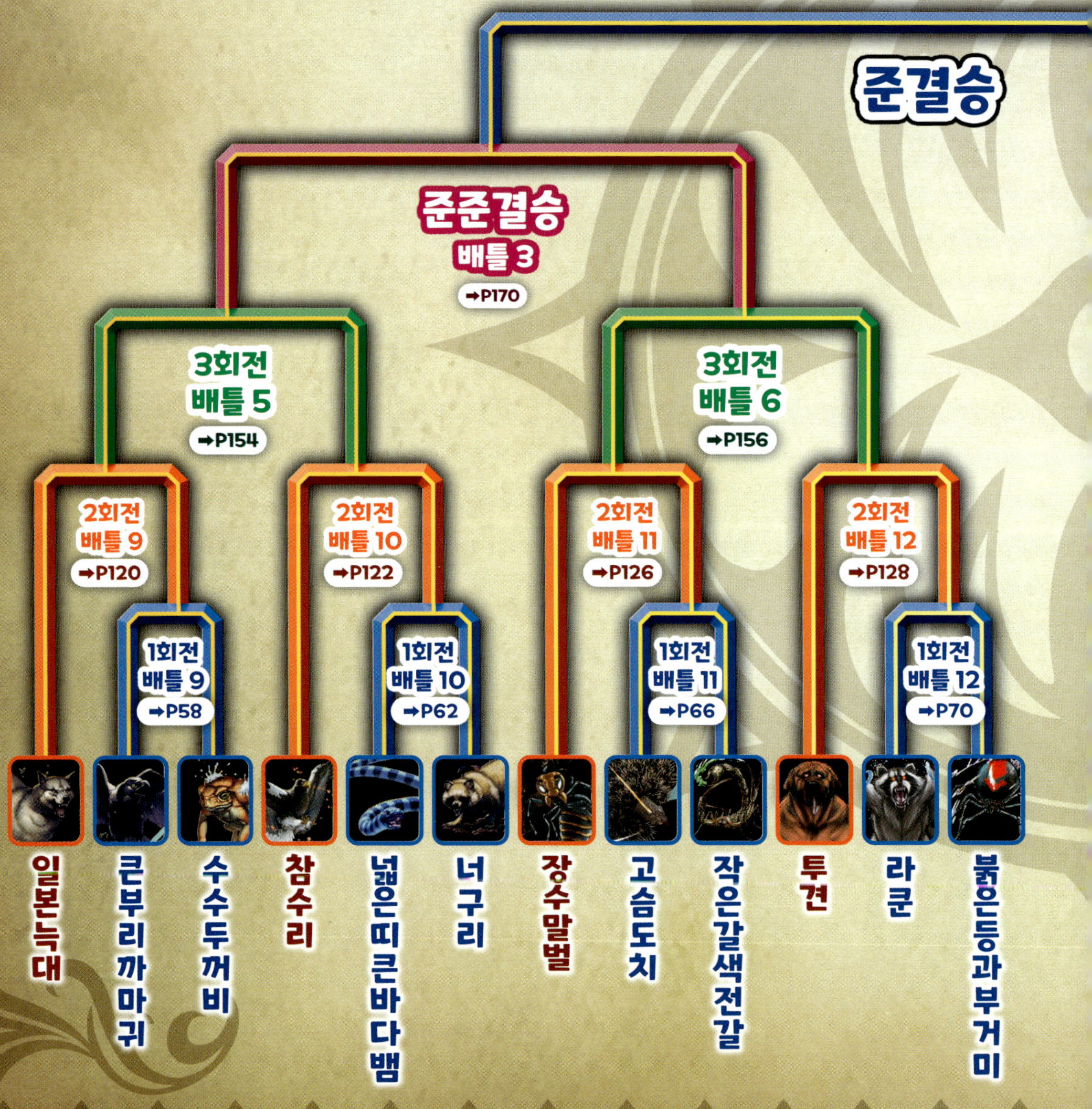

준결승

준준결승
배틀 3
➡P170

3회전
배틀 5
➡P154

3회전
배틀 6
➡P156

2회전
배틀 9
➡P120

2회전
배틀 10
➡P122

2회전
배틀 11
➡P126

2회전
배틀 12
➡P128

1회전
배틀 9
➡P58

1회전
배틀 10
➡P62

1회전
배틀 11
➡P66

1회전
배틀 12
➡P70

- 일본늑대
- 큰부리까마귀
- 수수두꺼비
- 참수리
- 넓은띠큰바다뱀
- 너구리
- 장수말벌
- 고슴도치
- 작은갈색전갈
- 투견
- 라쿤
- 붉은등과부거미

24종의 생물 중 대형 생물이 적고 체격 차이가 크지 않아서 어느 생물이 승리를 거머쥐고 올라올지 예측하기 쉽지 않다.

➡P186

➡P180

준준결승
배틀 4
➡P172

3회전
배틀 7
➡P158

3회전
배틀 8
➡P160

2회전 배틀 13
➡P132

2회전 배틀 14
➡P134

2회전 배틀 15
➡P138

2회전 배틀 16
➡P140

1회전 배틀 13
➡P74

1회전 배틀 14
➡P78

1회전 배틀 15
➡P82

1회전 배틀 16
➡P86

엘리게이터가아 | 무태장어 | 뉴트리아 | 악어거북 | 귀상어 | 노랑가오리 | 멧돼지 | 대만반시뱀 | 시궁쥐 | 몽구스 | 블래키스톤물고기잡이부엉이 | 아프리카왕달팽이

이 책의 본문 구성

출전하는 공포 생물 소개

- **능력치**
  5개의 능력을 5단계로 나타낸다.
  - ▶ 파워
    체력·힘의 세기
  - ▶ 스피드
    동작의 빠르기·이동 속도
  - ▶ 난폭성
    공격적인 성질의 정도
  - ▶ 기술
    특별한 공격 방법·다양한 전술
  - ▶ 방어력
    적의 공격을 막거나 피하는 능력

- **공포 생물의 이름**
- **실제 사진**

- **배틀 유형**
  주요 공격이나 방어 기술. 레벨은 S→A→B→C 순으로 S가 가장 강력하다.

- **공포 생물의 크기 정보**
- **공포 생물에 대한 설명**

배틀 장면

- **토너먼트와 배틀의 회차**
  1회전, 2회전, 3회전, 준준결승, 준결승, 결승으로 각 배틀의 회차가 표시된다.

- **배틀의 관전 포인트**
- **우승자**

- **배틀에 참가한 생물 소개**
- **배틀의 전개 및 상황 설명**
- **공포 생물의 생태 설명**

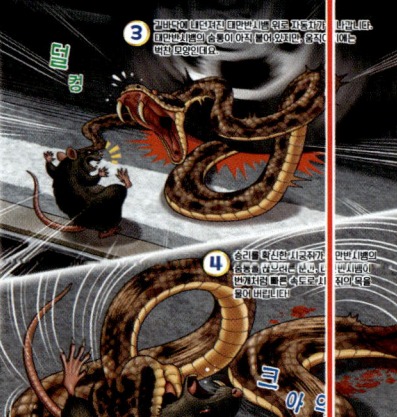

공포 생물 #01 산양

멸종 위기 야생 생물

배틀 유형
뿔 공격	B
들이받기	B
발 기술	A
체력전	A

공포 생물 정보
- ▶몸길이 : 1~1.2m
- ▶몸무게 : 30~45kg

가파른 절벽을 거침없이 누비는 발재간

가파른 산악 지대에 서식하며, 급경사나 바위 절벽에 자기 영역을 만들어 단독으로 행동한다. 천적이 나타나면 바위가 많은 곳을 빠르게 뛰어다니며 따돌린다. 다른 산양이 침입하면 날카로운 뿔을 맞부딪치며 싸워 쫓아낸다. 뿔은 다시 자라지 않는다.

공포 생물 #02 일본족제비

멸종 위기 야생 생물

배틀 유형
- 발톱 공격: C
- 물어뜯기: B
- 방귀 공격: S
- 점프 공격: C

공포 생물 정보
- ▶ 몸길이: 약 60cm
- ▶ 몸무게: 약 700g

위기에 빠지는 순간, 방귀 발사

일 년 내내 밤낮을 가리지 않고 활동한다. 겨울잠도 자지 않는다. 엄니와 발톱을 사용해 쥐와 조류, 개구리, 뱀, 곤충, 어류 등을 사냥한다. 성격이 사납고 위험을 느끼면 항문에서 악취를 내뿜는다. 육지뿐 아니라 물속이나 나무 위에서도 잽싸게 돌아다닌다.

공포 생물 #04

일본원숭이

잔꾀를 부리고 도구를 사용하다!

주로 과일이나 식물을 먹으며 개구리나 작은 새 등을 잡아먹기도 한다. 엄니로 깨물면 상대방의 뼈에 닿을 만큼 턱 힘이 세다. 놀라운 점은 지적 능력이 뛰어나 동료와 연합하거나 물건을 무기로 사용해 전략적으로 공격한다는 점이다. 나무에 오르거나 헤엄치는 실력도 뛰어나다.

배틀 유형
- 물어뜯기 A
- 집단 공격 A
- 물건 던지기 B
- 잠복 작전 B

공포 생물 정보
- ▶몸길이 : 50~70cm
- ▶몸무게 : 12~18kg

공포 생물 #05 날다람쥐

한번 물면 놓지 않는다!

앞다리와 뒷다리 사이에 망토 같은 막이 있는데 이 부분을 펼치고 뛰어내려 높은 나무에서 낮은 나무로 이동한다. 식물을 주로 먹기 때문에 다른 생물과의 다툼이 별로 없지만 이빨로 무는 힘이 세서 한번 물면 떨어지지 않을 정도로 위험하다.

배틀 유형

공중 이동	A
후방 공격	B
물어뜯기	B
위장술	B

공포 생물 정보

- 몸길이 : 약 80cm
- 몸무게 : 약 1.2kg

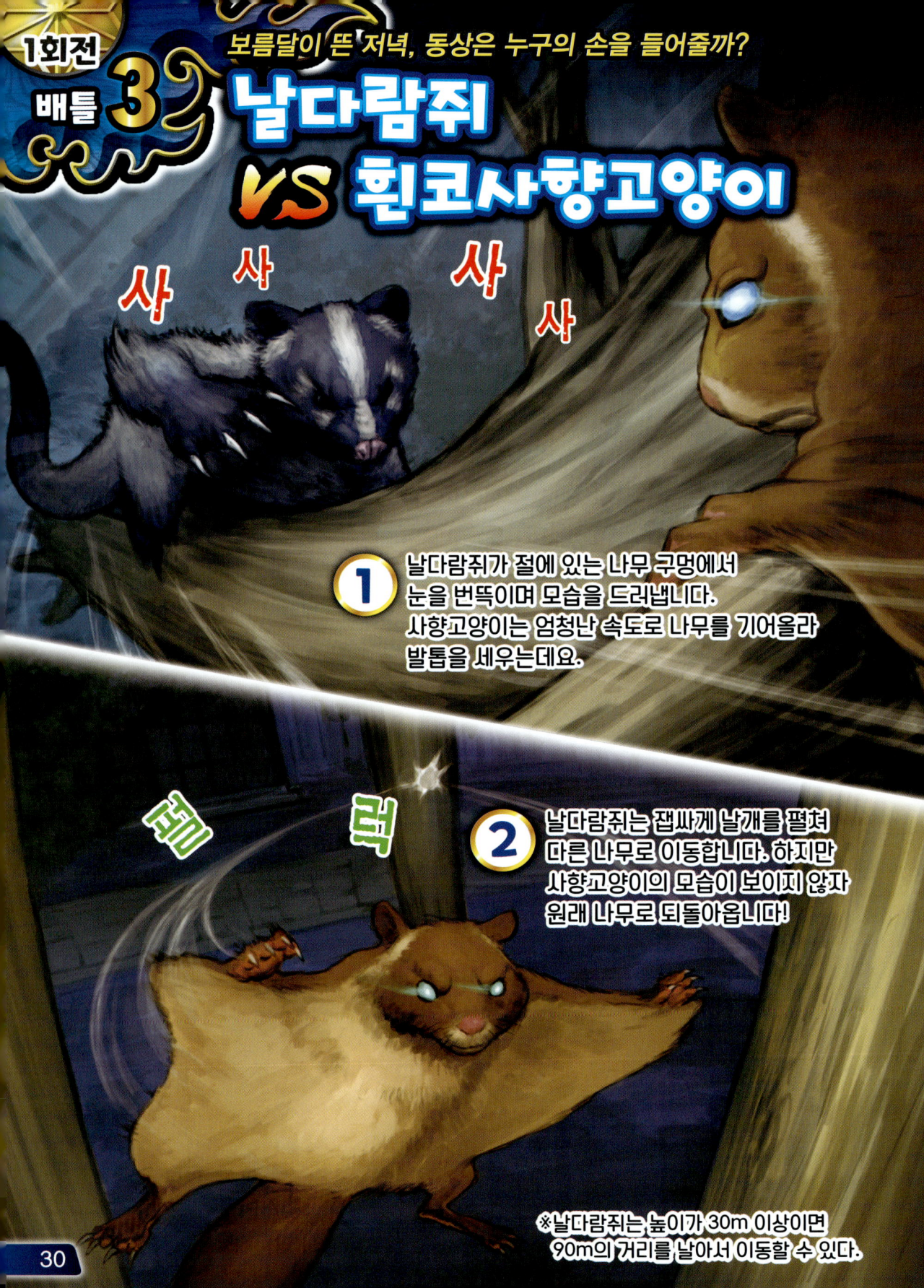

공포 생물 #07 일본수달

멸종 생물

물어뜯기의 전설적인 존재

1979년에 목격된 것을 마지막으로 멸종됐다. 먹잇감을 물속으로 끌고 들어가 물어뜯는데 물고기를 깨물면 이빨이 뼈까지 닿고, 게 껍데기도 으스러트릴 정도로 턱 힘이 강하다. 나무에도 기어오를 수 있어서 어디에 몸을 숨기고 있을지 예측하기 힘들다.

배틀 유형
물어뜯기	B
발톱 공격	C
물속으로 밀어 넣기	A
점프 공격	B

공포 생물 정보
- 몸길이 : 0.6~1m
- 몸무게 : 5~10kg

공포 생물 #09

파란고리문어

경련을 일으키는 맹독 공격

파란 무늬의 아름다운 몸통과는 대조적으로 입으로 물어 주입하는 독의 위력이 엄청나다. 온몸이 근육으로 이루어져 한번 휘감은 먹잇감은 절대 놓치지 않는다. 도망치지 못한 먹잇감은 결국 맹독의 희생양이 된다. 해초나 바위로 위장해서 적이 가까이 다가오면 엄청난 속도로 공격한다.

배틀 유형
- 독 주입: A
- 죽은 후에도 남는 독: A
- 휘감기: B
- 조르기: B

공포 생물 정보
- ▶몸길이 : 약 12cm
- ▶몸무게 : 수십 g

공포 생물 #11

투계

배틀 유형	
양발 차기	B
박치기	B
부리 공격	B
고속 짓밟기	B

공포 생물 정보
▶ 몸길이 : 70~80cm
▶ 몸무게 : 5~6kg

무차별 공격을 퍼붓는 싸움 병기

수탉을 싸우게 하는 경기는 기원전부터 존재했다. '투계'란 싸우기 위해 훈련된 닭을 말하며, 주로 투계용으로 개량된 '샤모'라는 품종을 일컫는다. 높이 뛰어올라 양발 차기를 하고, 부리 공격과 박치기 등 모든 격투 기술로 상대를 제압한다.

붉은머리왕지네

공포 생물 #12

다리로 휘감아 악각으로 공격하다!

몸통에 달린 42개의 다리로 잽싸게 사냥감을 붙잡아 2개의 독이 달린 악각으로 공격한다. 이 악각은 다리가 엄니처럼 발달한 것으로, 그 끝은 날카로운 발톱으로 되어 있고 독샘이 있다. 머리가 잘려 나가도 한동안 살아 있을 정도로 생명력이 강하다.

배틀 유형

독 발톱 공격	B
독 주입	A
휘감기	B
수직 이동	C

공포 생물 정보

▶ 몸길이 : 8~15cm
▶ 몸무게 : 측정 불가

공포 생물 #13

늑대거북

생태계 교란 생물

눈앞에 있는 모든 것을 물어 버리다!

북미와 중남미에 분포하던 늑대거북이 반려동물로 인기를 끌며 여러 나라로 퍼졌다. 등딱지 안으로 완전히 들어가지 않을 정도로 머리가 크며 눈앞에서 움직이는 것은 무엇이든 물어 적의 기운이 빠질 때까지 놓지 않는다. 뾰족하게 발달한 발톱 공격 역시 위협적이며 거대한 몸집으로 점프도 한다.

배틀 유형
물어뜯기	A
발톱 공격	C
짓누르기	B
점프 공격	B

공포 생물 정보
▶ 몸길이 : 약 50cm
▶ 몸무게 : 약 35kg

공포 생물
#16 산거머리

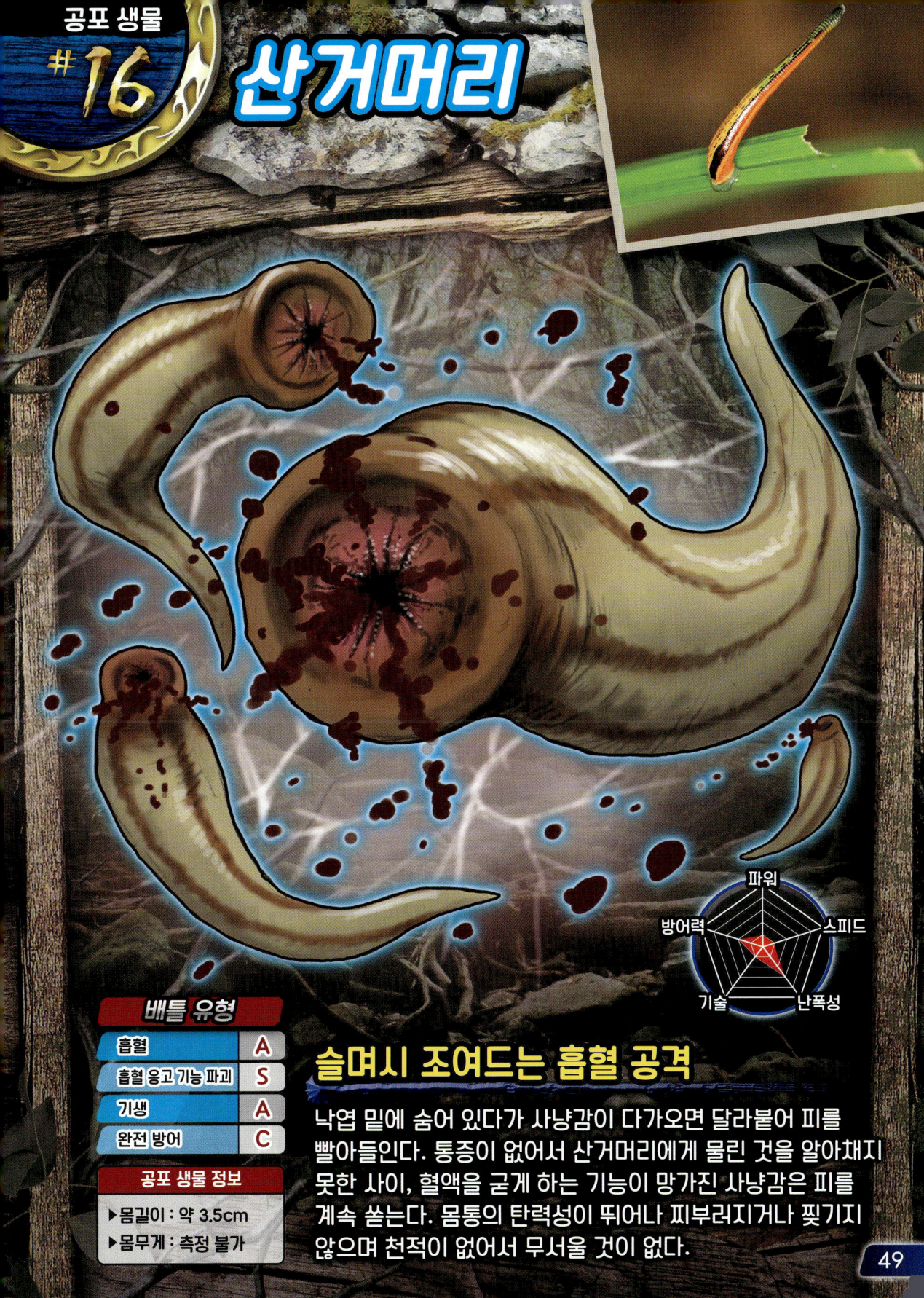

슬며시 조여드는 흡혈 공격

낙엽 밑에 숨어 있다가 사냥감이 다가오면 달라붙어 피를 빨아들인다. 통증이 없어서 산거머리에게 물린 것을 알아채지 못한 사이, 혈액을 굳게 하는 기능이 망가진 사냥감은 피를 계속 쏟는다. 몸통의 탄력성이 뛰어나 피부러지거나 찢기지 않으며 천적이 없어서 무서울 것이 없다.

배틀 유형
흡혈	A
흡혈 응고 기능 파괴	S
기생	A
완전 방어	C

공포 생물 정보
- 몸길이 : 약 3.5cm
- 몸무게 : 측정 불가

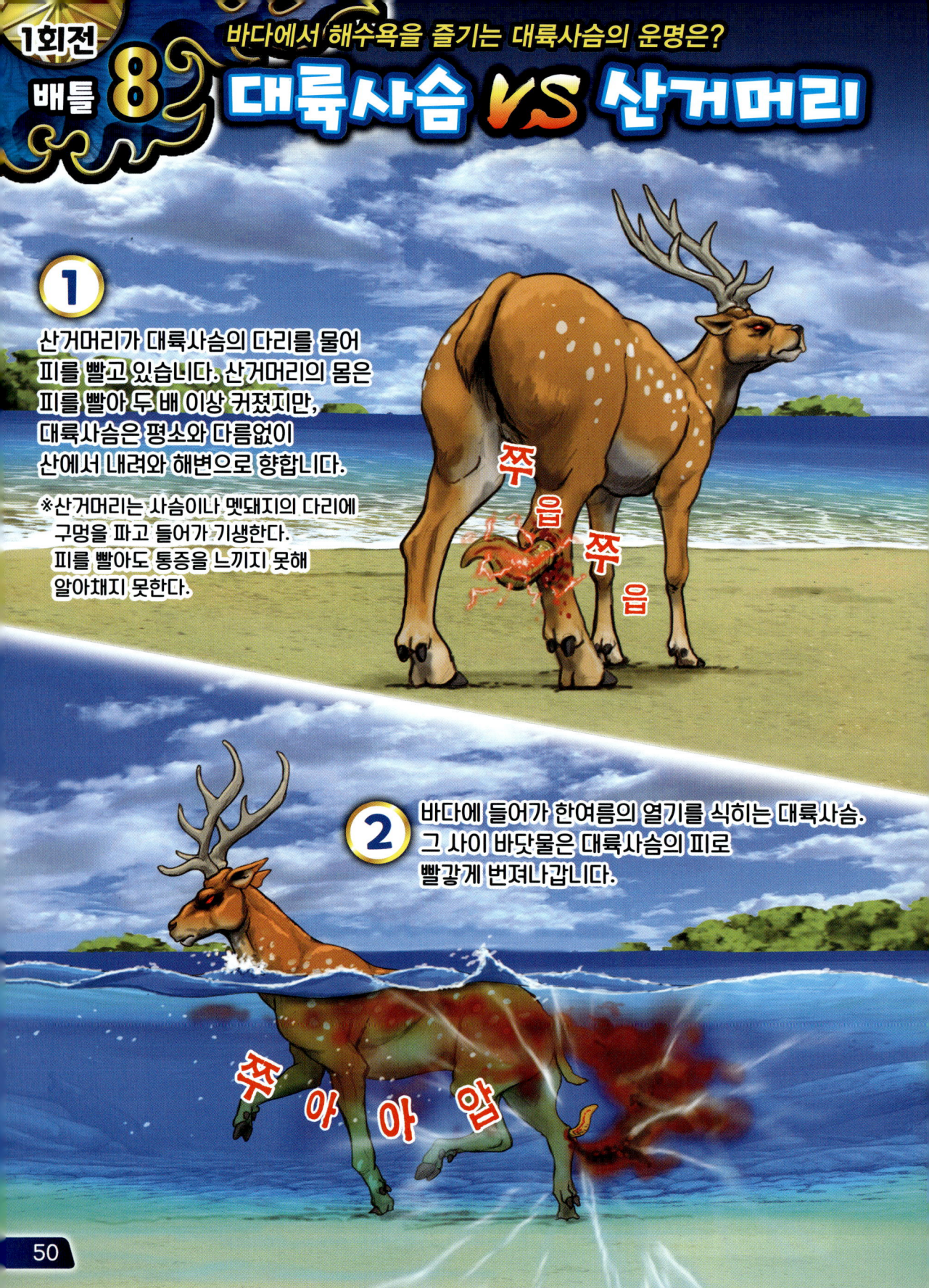

더 궁금한 멸종 위험 생물!

멸종 위험 생물 1 데스모스틸루스

약 1,800만~1,300만 년 전에 서식했으며 미국에서 발견된 화석이 1888년에 처음 소개되었다. 미국뿐만 아니라 러시아, 일본에서도 화석이 발견되면서 연구가 활발히 진행되고 있다. 복원 그림에서는 하마나 듀공과 같은 모습으로 묘사되며, 몸길이는 약 2m이다. 둥근 기둥을 묶어 놓은 듯 나란히 솟은 이빨로 해초나 조개류를 먹었고, 네 개의 다리가 있었지만, 육지보다는 바다에서 생활한 것으로 추정한다.

일본의 바다를 활발하게 누볐던 네 다리 거대 포유류

고래나 바다코끼리처럼 물속에서 활동했다는 연구 결과가 보고되기도 한다.

육식 공룡과 어떻게 싸웠을까? 수수께끼투성이 거대 초식 동물

멸종 위험 생물 2 매머드

약 400만 년 전부터 1만 년 전까지 생존했으며 세계 곳곳에서 화석이 발견되었다. 우리나라 제주도에서도 매머드 발자국 화석이 보고되기도 했다. 몸길이는 5~6m이며 몸무게는 5t에 이르렀다. 이처럼 거대한 몸집과 구부러진 거대한 엄니 앞에서는 아프리카코끼리도 여럿이 아니면 대적할 수 없을 정도였다. 만약 현존해 있다면 틀림없이 생태계 최상위 생물이었을 것이다.

매머드는 현대 코끼리의 조상이 아니라, 같은 조상에서 갈라져 나온 생물이라고 한다.

공룡 말고도 상상을 뛰어넘는 강력한 생물이 존재했다.
현대 생물의 조상인 멸종 생물을 소개한다.

멸종 위험 생물 3 — 쌍코뿔소

뿔 하나로 엄청난 파괴력을 자랑하는 거대 전차!

수십만 년 전에 생존했던 코뿔소이다. 발견된 화석을 통해 수마트라코뿔소의 일종이라는 사실이 밝혀졌다. 수마트라코뿔소는 동남아시아에 서식하는 소형 코뿔소이며 강인한 몸통과 피부, 날카롭게 솟은 한 개의 뿔이 특징이다.
쌍코뿔소의 몸길이는 약 1.9m로 추정된다. 큰곰이나 반달가슴곰과 대적할 정도로 강했으며 코뿔소의 생활권인 물가에서는 맞설 상대가 존재하지 않았을 것으로 추측한다.

쌍코뿔소는 동남아시아의 섬에 서식하는 수마트라코뿔소에 가까운 종류라고 한다.

멸종 위험 생물 4 — 나우만코끼리

독일의 지질학자가 일본에서 처음 화석을 발견하였고, 우리나라와 중국에서도 발견되었다. 약 36만 년 전부터 서식했으며 약 2만 8000년 전에 멸종했다. 몸길이는 약 4m로, 아프리카코끼리와 비슷하다. 네모난 머리 모양과 약 2.4m의 엄니가 특징이다. 초식 동물이지만 몸을 보호하기 위해 다른 생물과 싸움을 벌였다. 인류는 무기를 사용하여 나우만코끼리를 포획했다.

2m가 넘는 굵은 엄니를 상대로 목숨을 건 싸움을 벌인 인류!

매머드와 같은 시대, 같은 지역에서 서식했다고 한다.

더 궁금한 멸종 위험 생물!

멸종 위험 생물 5 큰뿔사슴

매년 새로 자라는 상상 초월의 거대 뿔!

나우만코끼리 다음으로 많은 화석이 발견되었으며 5만 년~2만 년 전의 것으로 추정된다. 큰뿔사슴의 특징은 손바닥을 펼친 것처럼 생긴 거대한 뿔인데, 가로 폭이 약 3m이고 무게가 약 45kg이나 된다. 뿔은 매년 다시 자랐는데, 이를 위해 칼슘 등 몸의 많은 영양분이 뿔로 흡수되었다고 한다. 그래서 이러한 이유로 멸종되었다는 설도 있다. 거대한 뿔로 중량급 생물도 한 방에 쓰러트렸을 것으로 추측하지만 나우만코끼리와 마찬가지로 천적인 인간에게 귀중한 먹을거리가 되었다.

유럽에서는 '메갈로케로스'나 '메가케로스', 아시아에서는 '시노메가케로스'나 '시노메가케로이데스' 등으로 부른다.

일본늑대보다 큰 옛 홋카이도의 최상위 생물!

멸종 위험 생물 6 홋카이도늑대

19세기까지 홋카이도에서 서식했던 늑대이다. 5~10마리가 무리를 이루며, 암컷과 수컷 한 쌍이 최상위에서 군림했다. 세력 범위가 넓어서 사슴이나 멧돼지를 잡아먹으며 생존했지만 먹이 부족으로 가축을 습격하고 인간에게 포획되어 그 수가 줄어들었다. 일본 혼슈에 서식했던 일본늑대와 같은 종류이지만, 홋카이도늑대의 몸집이 더 크며 엄니가 더 길게 구부러졌다. 홋카이도대학 식물원에 박제가 전시되어 있다.

홋카이도사슴을 주식으로 삼았던 홋카이도늑대는 인간이 가축을 보호하거나 모피를 얻기 위해 포획하여 개체 수가 줄었다.

멸종 위험 생물 7 독도강치(일본강치)

우리나라 동해안에서 수만 마리가 서식했으나 1905년 이후 일본이 가죽과 기름을 얻기 위해 포획하면서 멸종되었다. 평생을 바다에서 생활하며 오징어나 문어를 통째로 삼키는 동해안 생태계의 상위 생물이었다. 몸길이는 동물원에서도 볼 수 있는 캘리포니아강치나 갈라파고스강치보다 훨씬 큰 2m에 이른다. 무리 지어 행동하며 가시가 있는 물고기는 사냥하지 않았다. 경계심이 강하여 육지에서 잘 때는 망보는 역할이 따로 있을 정도였다. 도망칠 때는 시속 30km의 속도로 달아난다.

200년 전까지 수만 마리가 생존! 무리의 결속력이 강하다!

독도강치뿐 아니라 바다사자도 우리나라에서 자취를 감추었다. 지구 온난화로 일어난 환경 변화 때문이다.

멸종 위험 생물 8 마타기견

곰에게도 꼼짝 않고 산과 들을 누비다!

인간이 곰이나 사슴, 멧돼지를 사냥할 때 도와주는 수렵견이다. 다양한 견종이 있으며 멸종한 견종도 있지만, 아키다견이나 이와테견은 현존한다. 사냥감의 위치를 인간에게 알려 주거나 총에 맞은 사냥감의 숨통을 끊고 작은 생물은 혼자 상대하기도 한다. '구마이누(곰개)'라고 불리기도 하는데 커다란 곰을 상대해도 움츠러들지 않는 정신력을 지녔다. 높은 지능과 야생성 등의 타고난 신체 능력과 강한 정신력을 지닌 마타기견은 어떤 환경이나 상대를 만나도 대등한 싸움을 벌일 수 있었다.

마타기견에는 아키다견과 이와테견 외에도 멸종한 아이즈견, 쓰가루견, 센다이견, 고시지견, 소마견, 고야스견이 존재했다.

공포 생물 #19

넓은띠큰바다뱀

온몸을 마비시켜 호흡 곤란에 빠트리다!

독의 위력이 독사로 유명한 반시뱀의 약 80배에 이른다. 날카로운 위턱의 엄니에 독이 있는데 물리면 몇 분 안에 온몸이 마비되어 숨을 쉴 수 없다. 또한 기다란 몸통에 휘감기면 떼어 내기 힘들다. 평소에는 바닷속에서 생활하지만, 땅으로 올라와 바위 틈새에 몸을 숨기고 있기도 한다.

배틀 유형
- 맹독 공격 **S**
- 물어뜯기 **A**
- 휘감기 **B**
- 삼키기 **C**

공포 생물 정보
- 몸길이 : 약 1.5m
- 몸무게 : 300~500g

공포 생물 #20 너구리

배틀 유형
- 도망치기 A
- 위장술 A
- 죽은 척 위장 A
- 물어뜯기 C

변신술로 판단을 흐리게 하다!

너구리가 인간으로 변신한다는 전설처럼 실제로도 너구리는 위장 능력이 있다. 공격력은 이빨로 무는 정도로 약하지만 달아나는 능력이 뛰어나 발톱이 들어가는 곳이라면 어디든지 기어오른다. 놀라서 기절한 모습이 마치 죽은 것처럼 보여 상대방을 방심하게 한다. 배설물을 모아두는 습성이 있다.

공포 생물 정보
- ▶몸길이 : 약 50cm
- ▶몸무게 : 3~5kg

작은갈색전갈

공포 생물 #22

독침으로 대형 생물의 눈을 노리다!

집게발로 사냥감을 잡고 독침을 찌르는 방법으로 곤충을 잡아먹는다. 소량의 독이라 대형 생물에게는 통하지 않지만, 날카로운 독침으로 눈을 찌르면 이야기가 달라진다. 밤에 활동하기 때문에 어디에서 공격해 올지 알아채기 어렵다.

배틀 유형
독침 공격	C
집게발 공격	C
짓누르기	C
독 발톱(칼날) 공격	B

공포 생물 정보
- 몸길이 : 약 8cm
- 몸무게 : 측정 불가

공포 생물 #24 붉은등과부거미

독을 지닌 암컷 거미가 덫을 놓는다!

오스트레일리아에서 전 세계로 퍼져 나갔다. 암컷에게만 독이 있으며 턱에서 나온 독을 사냥감에 주입한다. 거미집은 형태가 불규칙하고 끈적여서 먹잇감이 한번 달라붙으면 도망칠 수 없다. 큰 생물을 상대할 때는 죽은 척하여 방심하게 만드는 전술을 사용한다.

배틀 유형
독 공격	A
물어뜯기	C
거미집 함정	B
죽은 척 위장	B

공포 생물 정보
- 몸길이 : 약 1cm
- 몸무게 : 측정 불가

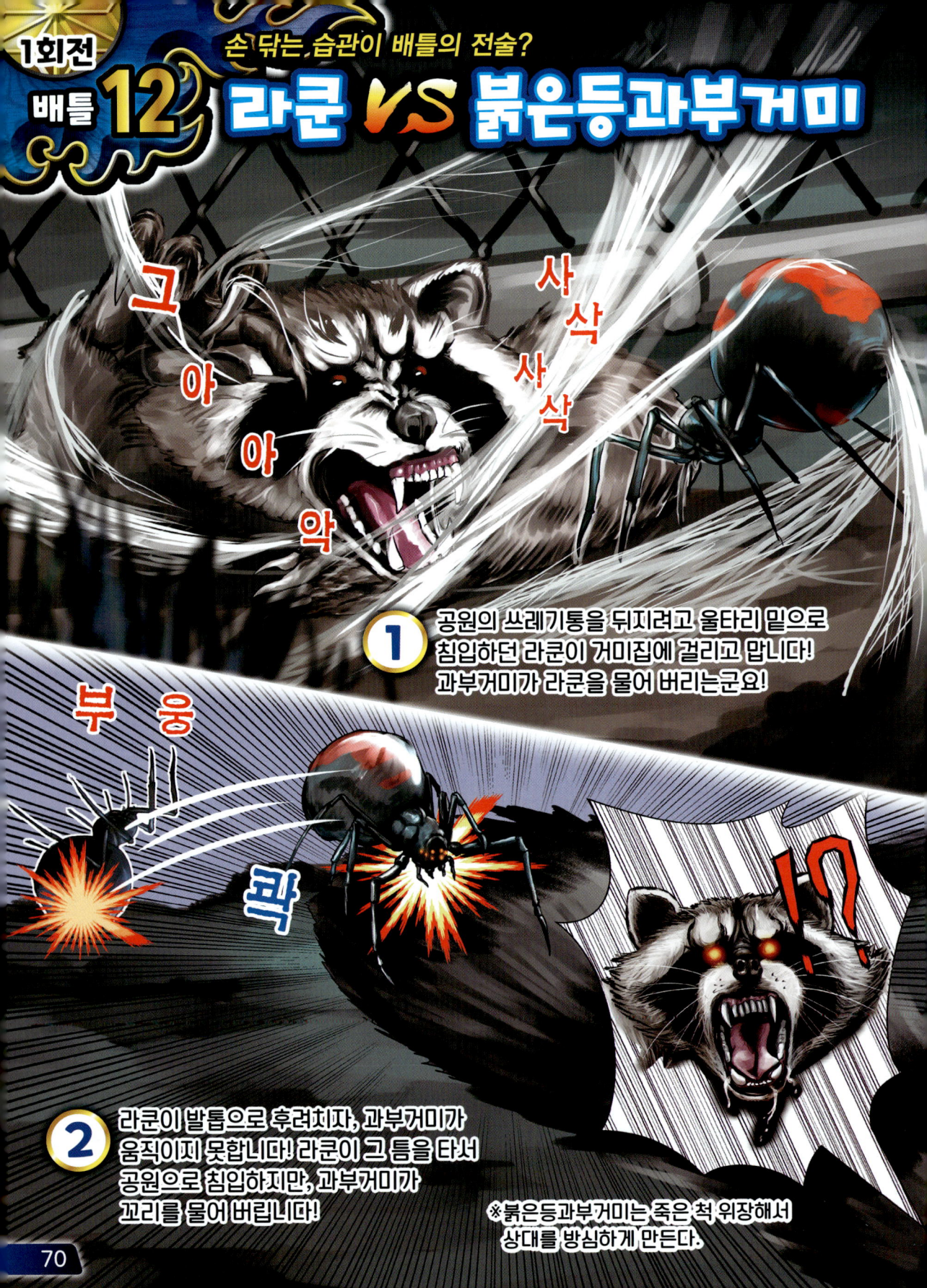

공포 생물 #26 뉴트리아

생태계 교란 생물

배틀 유형
물어뜯기	A
발톱 공격	A
수록 이동	A
진흙 뿌리기	C

공포 생물 정보
▶ 몸길이 : 약 60cm
▶ 몸무게 : 약 10kg

가리지 않고 집요하게 물고 늘어지다!

천적인 악어가 서식하지 않는 나라에서는 제멋대로 번식하고 있다. 인간의 손가락을 끊어 버릴 정도로 이빨의 위력이 대단하여 곤충이나 개구리, 물고기는 저항할 수조차 없다. 물갈퀴가 달린 뒷발의 날카로운 발톱도 흉기이다. 둑의 흙을 파서 집을 만드는 바람에 제방을 무너트리기도 한다.

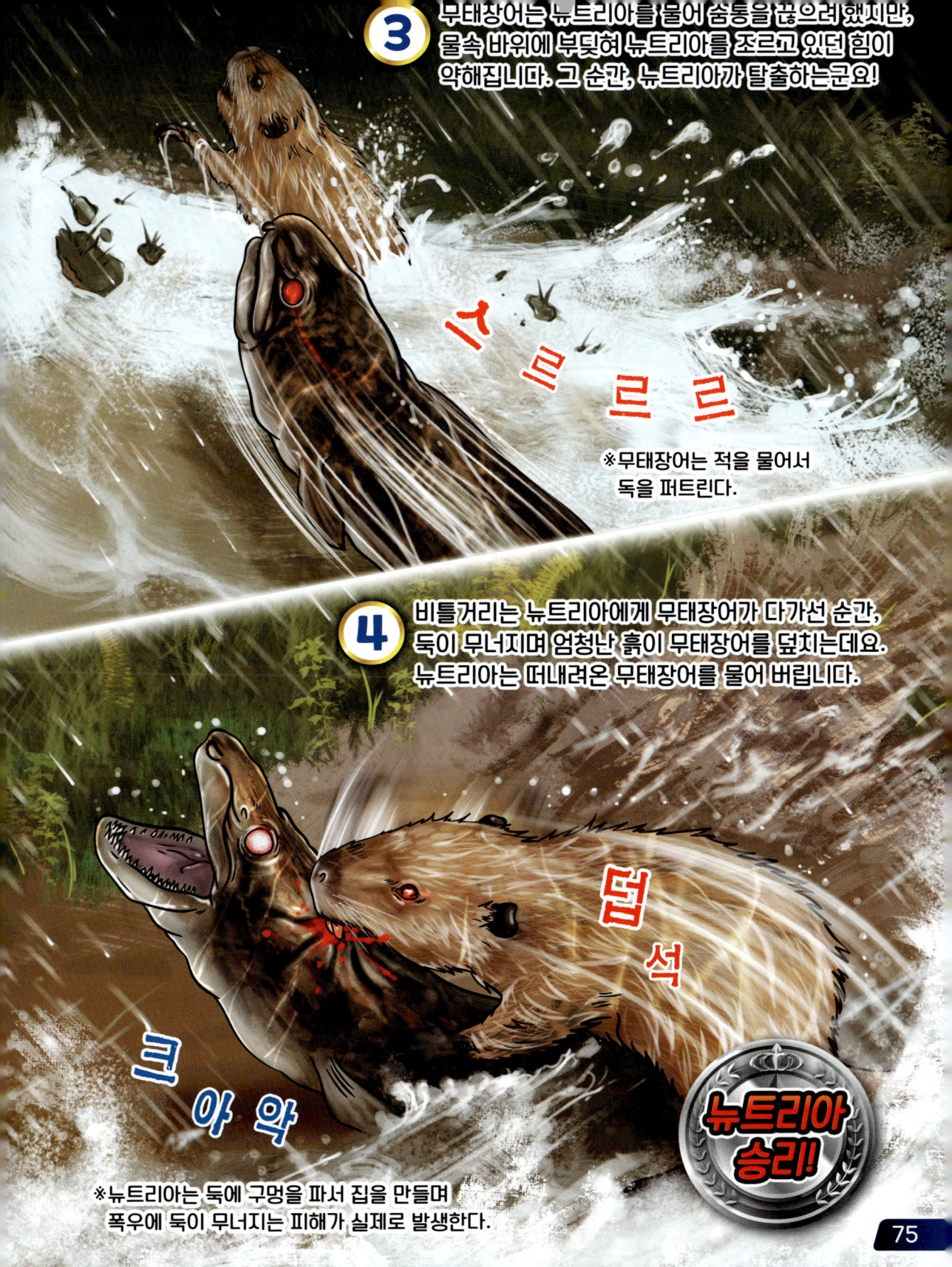

공포 생물 #27 귀상어

T자형 망치 머리를 휘두르는 상어

머리 양쪽 끝에 눈이 있어서 시야가 넓다. 작은 물고기뿐만 아니라 다른 상어에게도 덤벼든다. 머리를 좌우로 흔들며 공격하고 바다 깊은 곳까지 밀어붙이는 등 다른 상어와는 다른 전술을 사용한다. 물론 엄니로 물어뜯는 공격도 위협적이다. 상어 중에는 드물게 무리 지어 행동한다.

배틀 유형
망치 머리	S
머리로 누르기	A
물어뜯기	A
집단 공격	S

공포 생물 정보
- 몸길이 : 약 6m
- 몸무게 : 약 450kg

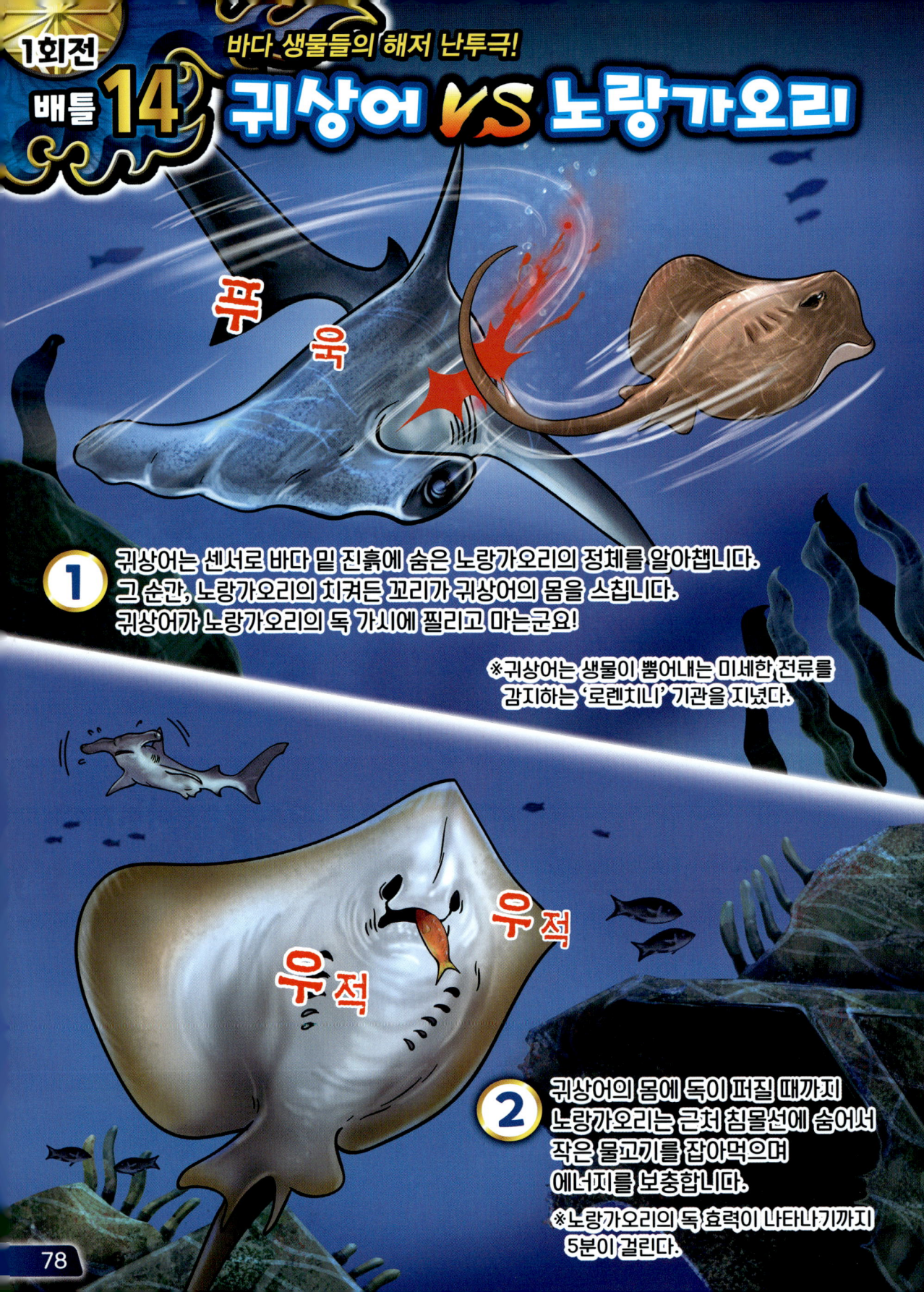

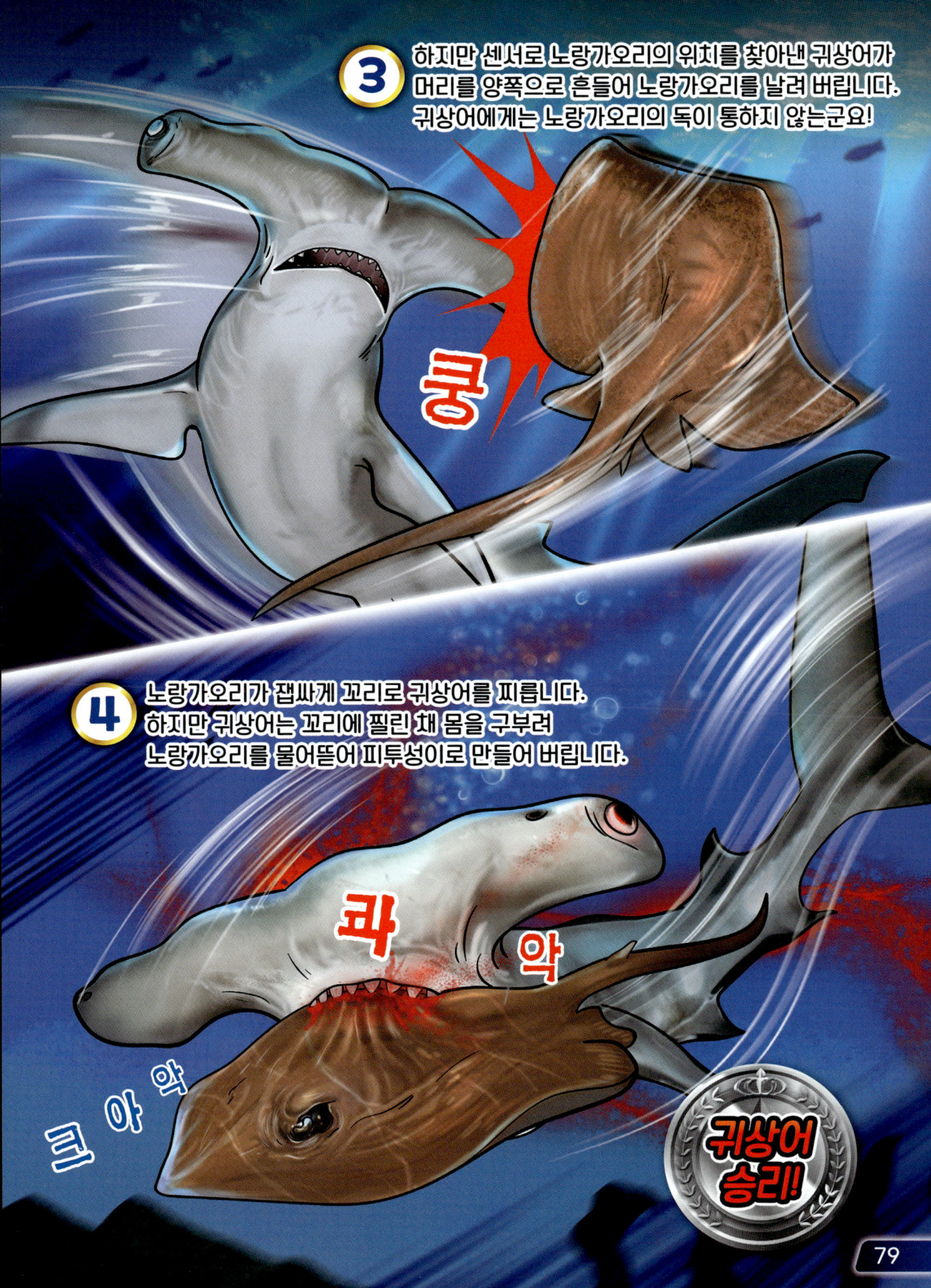

공포 생물 #30

시궁쥐

지하 세계에서 계략을 꾸미는 거대 쥐

생쥐의 5배나 되는 크기로, 그 두 배인 60cm에 이르는 개체가 발견된 적도 있다. 이빨로 갉는 공격은 한 번으로는 영향력이 크지 않지만, 집단으로 공격하면 방어하기 힘들다. 상대가 반격하면 비좁은 틈새로 도망친다. 헤엄치거나 나무에 오르기도 한다.

배틀 유형

고속 물어뜯기	B
몸통 공격	B
고속 방어	A
위장술	A

공포 생물 정보

- 몸길이 : 11~28cm
- 몸무게 : 40~500g

공포 생물

#31 블래키스톤 물고기잡이부엉이

배틀 유형
발차기	B
발톱 공격	B
부리 공격	B
고속 공중 이동	A

공포 생물 정보
▶몸길이 : 약 70cm
▶몸무게 : 약 4.5kg

소리 없이 돌진하는 어둠 속 명사수

날개를 펼치면 1.8m나 되는 최대급 부엉이이다. 암흑 속에서 활동하며 가장 활발하게 움직일 때가 저녁과 새벽 무렵이다. 머리를 270도 회전하여 먹잇감을 찾아내며 엄청난 빠르기로 소리 없이 날아와 덮친다. 갑자기 발차기나 부리 공격을 당하면 상대는 그 자리에서 쓰러지고 만다.

공포 생물 #32 아프리카왕달팽이

배틀 유형
독 공격	B
위장술	A
집단 공격	C
몸통 공격	C

공포 생물 정보
▶몸길이 : 약 30cm
▶몸무게 : 약 1kg

지상 최대 크기의 달팽이

약용으로 사육되던 달팽이가 야생화했다. 달팽이 일종으로, 크기가 수박만큼 거대하다. 기생충의 숙주이기도 하며 온몸이 독으로 뒤덮여 있다. 이 달팽이를 만진 손으로 식사를 하다 중상을 입은 사람도 있다. 머리를 껍데기 안으로 넣으면 돌처럼 보여서 천적으로부터 몸을 보호할 수 있다.

총 16회 배틀 1회전 결과 발표

배틀 1	⚫ 산양	VS	🔴 일본족제비
배틀 2	⚫ 붉은불개미	VS	🔴 일본원숭이
배틀 3	🔴 날다람쥐	VS	⚫ 흰코사향고양이
배틀 4	🔴 일본수달	VS	⚫ 고깔해파리
배틀 5	⚫ 파란고리문어	VS	🔴 스톤피시
배틀 6	🔴 투계	VS	⚫ 붉은머리왕지네
배틀 7	🔴 늑대거북	VS	⚫ 살쾡이
배틀 8	⚫ 대륙사슴	VS	⚫ 산거머리
배틀 9	🔴 큰부리까마귀	VS	⚫ 수수두꺼비
배틀 10	⚫ 넓은띠큰바다뱀	VS	🔴 너구리
배틀 11	🔴 고슴도치	VS	⚫ 작은갈색전갈
배틀 12	🔴 라쿤	VS	⚫ 붉은등과부거미
배틀 13	⚫ 무태장어	VS	🔴 뉴트리아
배틀 14	🔴 귀상어	VS	⚫ 노랑가오리
배틀 15	🔴 대만반시뱀	VS	⚫ 시궁쥐
배틀 16	🔴 블래키스톤물고기잡이부엉이	VS	⚫ 아프리카왕달팽이

첫 시합부터 필살기 총동원!

귀상어를 제외하면 모두 소형에서 중형 생물의 배틀이었다. 주목할 점은 인간에게 위협적인 독 생물의 전투이다. 붉은불개미, 고깔해파리, 파란고리문어, 수수두꺼비, 넓은띠큰바다뱀, 붉은등과부거미, 노랑가오리, 아프리카왕달팽이가 모두 패하고 말았다. 한 번 패하면 그대로 탈락하는 대결인 만큼 첫 경기부터 독 공격을 방어하는 필살기가 이어졌기 때문이다. 또한 결투 환경을 효과적으로 활용해 광범위하게 움직인 생물이 승리를 거머쥐었다. 2회전부터는 대형 생물과 더불어 강력한 독을 가진 생물이 등장하기 때문에 1회전의 방식이 더는 통하지 않을 것이다.

에조불곰 VS 일본족제비 →P92

북방여우 VS 일본원숭이 →P94

물소 VS 날다람쥐 →P98

백상아리 VS 일본수달 →P100

범고래 VS 스톤피시 →P104

반달가슴곰 VS 투계 →P106

투우 VS 늑대거북 →P110

배틀이 시작되다!

유혈목이 VS 대륙사슴 →P112

일본늑대 VS 큰부리까마귀 →P120

2회전 총 16배틀

참수리 VS 너구리 →P122

장수말벌 VS 고슴도치 →P126

투견 VS 라쿤 →P128

엘리게이터 가아 VS 뉴트리아 →P132

악어거북 VS 귀상어 →P134

멧돼지 VS 대만반시뱀 →P138

몽구스 VS 블래키스톤물고기잡이부엉이 →P140

공포 생물 #33

에조불곰

시속 60km로 돌진하는 생태계 최강자

에조불곰의 펀치 한 방이면 생물 대부분이 쓰러지고 만다. 6cm나 되는 발톱과 날카로운 엄니가 위협적이다. 몸집이 거대하면서도 동작이 빨라 나무에 오르거나 강을 헤엄치고 두꺼운 손으로 방어하는 능력이 뛰어나다. 상대가 몸을 숨겨도 개보다 뛰어난 후각으로 위치를 알아낸다.

배틀 유형
- 메가톤 펀치 S
- 몸통 공격 S
- 갈고리발톱 공격 S
- 물어뜯기 S

공포 생물 정보
- ▶ 몸길이 : 1.7~2.8m
- ▶ 몸무게 : 약 500kg

공포 생물 #35 물소

머리로 돌진하는 괴력의 일꾼

여러 나라에서 가축으로 길들여 사육되고 있다. 사람 10명이 탄 수레를 끄는 괴력의 물소가 야생화하면 어떻게 될까? 전차를 들이받는 힘으로, 굵은 두 개의 뿔로 찌르면 상대가 누구든 그 즉시 쓰러지고 말 것이다. 몸무게 1톤이 넘는 체격에 짓눌리면 거대 생물도 꼼짝하지 못한다.

배틀 유형
메가톤 태클	S
뿔 공격	S
몸통 들이받기	S
머리 박기	S

공포 생물 정보
- 몸길이 : 약 2.5m
- 몸무게 : 약 1.2t

공포 생물 #36

백상아리

배틀 유형	
물어뜯기	S
물속 공격	S A
점프 공격	S A
집단 공격	S

공포 생물 정보
▶ 몸길이 : 약 7m
▶ 몸무게 : 약 3.3t

300개의 이빨로 바다를 지배하는 제왕

바다 생물은 물론이고 육지의 포유류와 조류도 사냥하는 거대 상어이다. 약 7cm의 삼각형 이빨이 300개 정도 솟아 있어서 작은 생물은 한 번에 으스러트릴 수 있다. 숨이 붙어 있는 먹잇감을 입에 물고 시속 50km로 헤엄쳐 먹잇감의 기운을 뺀다. '식인 상어'로도 불린다.

3 백상아리 역시 바위에 충돌해 이빨이 으스러졌지만, 등지느러미를 물고 늘어지는 일본수달을 매달고 헤엄칩니다. 일본수달은 매달려서 공격할 기회를 노리는데요!

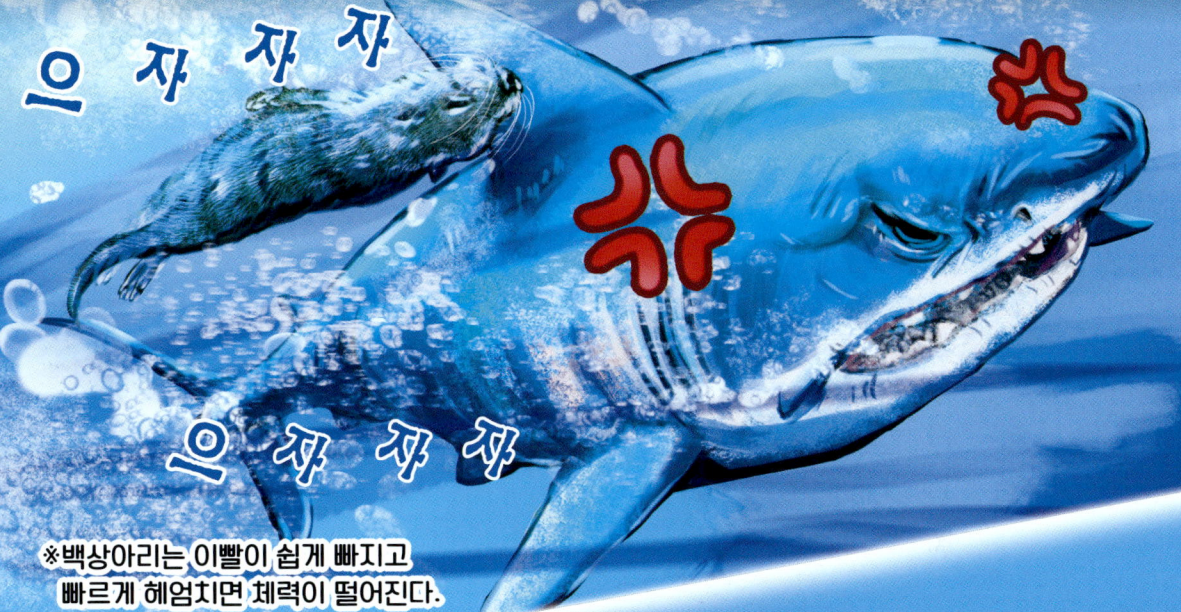

※백상아리는 이빨이 쉽게 빠지고 빠르게 헤엄치면 체력이 떨어진다.

4 체력이 바닥난 백상아리는 바다 밑으로 가라앉고 맙니다. 하지만 전화위복이군요. 등지느러미를 놓지 않던 일본수달이 얼마 후 기절해 물 위로 떠오르고 맙니다.

백상아리 승리!

※일본수달의 잠수 시간은 6~8분이다.

공포 생물 #37 범고래

파워, 스피드, 지능으로 바다를 지배하다!

거대한 체격으로 파도를 일으키며 바다와 육지의 먹잇감을 사냥한다. 아무리 도망쳐도 반향정위(소리를 내어서 물체에 부딪쳐 되돌아오는 음파로 위치를 측정)와 동료와의 연합으로 반드시 목표물을 포획한다. 커다란 엄니로 단번에 숨통을 끊으며 입에 문 채로 내던지는 대담한 기술도 펼친다.

배틀 유형
물속 공격	S
물어뜯기	S
파도 공격	A
들어 던지기	A

공포 생물 정보
- 몸길이 : 7~8m
- 몸무게 : 7~10t

공포 생물 #39

투우

정면 승부를 도발하는 난폭한 소

배틀 유형	
메가톤 태클	S
뿔 공격	S
몸통 들이박기	S
발차기	B

투우 대회는 도망치면 진다는 규칙이 있어서 안전한 범위 안에서 치러진다. 투우용 소가 야생화하면 손 델 수 없을 만큼 난폭해지는데, 근육질 몸으로 돌진해 뿔로 찌르고 들이받아 발로 차는 등 다양한 공격을 펼친다. 날카롭게 갈린 뿔에 제대로 찔리면 치명상을 입을 수 있다.

공포 생물 정보
▶ 몸길이 : 약 1.8m
▶ 몸무게 : 약 1t

인간을 위협하는 생물의 충격 뉴스!

충격 1 일본에 존재할 리 없는 악어가 나타나다!

악어는 주로 열대나 아열대 지역에 서식한다. 미국이나 중국에서 서식하는 종류도 있지만, 일본에서는 서식하지 않는 생물이다. 하지만 2017년, 가고시마현 아마미오섬에서 두 마리의 악어가 발견되었고 바다악어와 샴악어의 잡종이라는 사실이 밝혀졌다. 포획한 악어는 50~60cm의 크기였지만, 같은 종류의 악어는 2m까지 성장한다. 어떻게 흘러든 것인지 알 수 없지만, 만약 번식한다면 생태계에 위험을 초래할 수 있다.

바다악어는 티라노사우루스의 턱과 같은 힘을 지녔으며 지구상에서 가장 크고 강한 악어이다.

충격 2 얼음을 타고 온 북극곰이 홋카이도에 모습을 드러내다!

육지의 육식 동물 중 몸집이 가장 크다. 지능이 높으며 얼음 위에서 잠복하다 발톱으로 사냥감을 낚아챈다.

북극곰은 북극권에 서식하며 얼음 위에서 바다표범 등을 잡아먹는 지구 최대의 육식 동물이다. 먹잇감을 찾기 위해 유빙에 올라탔다가 홋카이도까지 흘러 들어온 것이다. 하지만 북극곰은 지구 온난화로 멸종 위기에 놓여 있다. 기온이 1도 올라가면 체중이 20kg 감소한다고 한다. 비교적 따뜻한 기후인 일본은 북극곰이 생존할 수 없는 환경이지만, 지구 환경이 변하면서 '절대 불가능'한 일이 아닐지도 모르게 되었다.

본래는 인간의 생활권에 모습을 드러내지 않는 생물이지만, 지구 환경이 변하면서 인간 가까이 다가왔다. 이제 그 위험이 언제, 어디에서 나타날지 모른다.

충격 3 한국, 일본, 중국을 오가는 바다사자와 물개

바다사자와 물개는 겨울을 나고 먹잇감을 찾기 위해 육지를 오간다. 하지만 그 과정에서 그물을 훼손하여 어업에 피해를 준다. 특히 대식가인 바다사자는 청어 등의 물고기를 모조리 먹어 치우기도 한다. 바다 생태계를 무너뜨리는 것이다. 바다사자와 물개 모두 바다짐승으로 불리며 3m 남짓의 거대한 몸집과 뾰족한 이빨이 솟아 있다. 점차 남쪽으로 이동하려는 경향을 보이고 있어서 바다 생태계에 어떠한 영향을 줄지 모른다.

캐나다에서는 바다사자가 어린이를 바다로 끌고 들어간 사건이 일어나기도 했다.

충격 4 붉은등과부거미와 함께 검은띠과부거미도 세력 확장

붉은등과부거미에 물리는 피해가 일본과 오스트레일리아 전역에서 발생하고 있다. 콘크리트나 화분, 공원이나 주택 등 인간의 생활권에 서식하며 크기가 1cm도 되지 않아서 알아채지 못한 사이 물리고 마는 두려운 존재이다. 같은 종류인 검은띠과부거미나 검붉은과부거미의 피해 역시 발생하고 있다. 바늘에 찔린 듯한 통증으로 붓거나 감각이 사라지는 등의 가벼운 증상이 많지만, 중증에 이르면 경련이나 호흡 곤란을 일으킬 우려도 있다.

물렸을 때 통증이 없어서 알아채지 못할 때도 있다.

인간을 위협하는 생물의 충격 뉴스!

충격 5 봄과 여름 사이, 역할을 나눠 인간을 습격하는 까마귀

'검은 악마'라고 불리는 까마귀는 원래 겁이 많은 성격이다. 다만 둥지와 새끼를 지키기 위해서 인간을 공격하기도 한다. 4월에서 8월 사이의 번식기에는 특히 조심해야 하는데, 둥지 근처를 지나치기만 해도 공격한다. '까악까악' 하고 울면서 주변을 맴돌며 위협한다. '가악 각' 하고 탁한 소리를 낼 때는 최종 경고인 셈이다. 까마귀가 부리로 공격한다고 생각하는 사람이 많지만, 대부분은 등 뒤로 다가가 발로 머리를 후려친다. 그럴 때는 양손을 들어 올리고 조용히 지나가는 것이 좋다.

까마귀는 지능이 높으며 장소나 사람의 얼굴까지 기억한다는 연구 보고가 있다. 그러니 까마귀에게 함부로 장난치면 안 된다.

충격 6 생물 피해 중 사망 사고가 가장 많은 말벌

인간의 사망 사고를 가장 많이 일으킬 것 같은 생물은 곰이나 독사일 것 같지만, 사실은 벌이다. 매년 10명 이상이 벌에게 목숨을 잃는다. 독사는 약 5명, 곰은 사망 사고가 없는 해도 있다. 벌 중에서는 특히 말벌이 위험하다. 독침에 한 번 쏘이면 경상이나 중상에 그치지만, 집단으로 공격받으면 아나필락시스 쇼크를 일으켜 경련, 의식 불명, 혈압 저하를 부른다. 벌집이나 말벌의 먹이 근처로 접근하면 말벌이 경계 페로몬을 내뿜어 동료를 불러 모으기 때문에 위험하다.

번식으로 벌집의 수가 늘어나 벌집이 커지는 8~10월쯤에 피해 건수가 가장 많다.

충격 7 거리에서 사람을 습격하는 멧돼지의 증가

밭 주변뿐 아니라, 거리에서 멧돼지가 목격되는 일이 늘고 있다. 목표를 향해 앞뒤 가리지 않고 돌진한다는 '저돌희용(豬突豨勇)'이라는 사자성어가 있다. 멧돼지가 흥분했을 때의 행동을 비유한 말이다. 평소의 멧돼지는 공격적이지 않다. 하지만 학습 능력이 뛰어나 위험하지 않다고 인식하거나 인간의 음식을 맛본 경험을 바탕으로 대담하게 거리로 진출하게 되었다. 실제로 가게나 호텔에 모습을 드러내기도 한다. 이때 음식이 담긴 봉투를 들고 있으면 멧돼지의 표적이 되기 쉽다.

사람이 사는 집이나 가게로 들이닥치는 사고가 일어나고 있다.

충격 8 도심 아파트에 등장한 살무사

뱀 중에는 살무사에게 당한 사고가 가장 잦다.

살무사의 독은 양은 적지만 독성은 반시뱀보다 강해서 혈관의 세포가 파괴된다. 독이 퍼지면 온몸에 출혈을 일으켜 최악의 상황에는 죽음에 이르기도 한다. 본래 숲속이나 물이 고인 논밭 등의 물가에 서식하는 살무사가 도심 한복판에서 발견되는 사례가 늘고 있다. 전문가에 따르면 태풍으로 강물이 넘쳐 강 상류에서 떠내려왔을 가능성이 크다고 한다. 이상 기온은 생물의 서식지까지 바꾸어 인간을 위협하고 있다.

공포 생물 #41

일본늑대

최강 야수의 유전자를 가진 싸움꾼

과거 일본 자연계의 최상위층에 군림했던 일본늑대가 지금까지 생존했다면 지금의 생태계는 틀림없이 달라졌을 것이다. 월등히 빠른 스피드와 끈질긴 위협성, 민첩하게 움직이며 물어뜯는 공격은 매우 공포스럽다. 상대방의 숨통이 끊어질 때까지 공격하는 투쟁 본능을 지녔다.

배틀 유형
발톱 공격	S
물어뜯기	S
점프 공격	A
집단 공격	S

공포 생물 정보
- 몸길이 : 약 1.1m
- 몸무게 : 약 15kg

멸종 생물

공포 생물 #42 참수리

멸종 위기 야생 생물

배틀 유형
로켓 공격	S
발차기	B
부리 포기 공격	S
발톱 공격	A

공포 생물 정보
- 몸길이 : 약 1m
- 몸길이 : 5~10kg

거대한 몸집으로 돌격하는 수퍼 헌터

시속 100km에 가까운 속도로 하늘에서 돌진하는 모습이 마치 로켓 미사일처럼 보인다. 이러한 기세로 발차기와 부리, 발톱으로 공격을 퍼부은 뒤 포획한 사냥감을 하늘로 끌고 올라가기도 한다. 거대한 체격임에도 균형감이 뛰어나 강풍이 불어도 흔들리지 않고 자세를 유지한다.

공포 생물 #45

엘리게이터 가아

악어 입을 가진 거대 괴어

3m에 이르는 거대한 크기로 강과 바다, 연못에서 맹위를 떨친다. 악어처럼 생긴 머리에 이빨도 악어처럼 날카롭다. 사냥감을 발견하면 엄청난 속도로 돌진해 세게 들이받은 뒤 이빨로 목숨을 끊어 버린다. '가노인'이라는 마름모꼴 비늘로 덮인 특수한 몸통은 칼로 뚫지 못할 정도로 단단하다.

배틀 유형
물속 미사일 공격	S
물어뜯기	A
박치기	A
철벽 방어	A

공포 생물 정보
- 몸길이 : 약 3m
- 몸무게 : 약 140kg

공포 생물 #46

악어거북

생태계 교란 생물

배틀 유형	
물어뜯기	S
발톱 공격	S A
완전 방어	A A
위장술	A

공격과 방어로 무장한 헤비급 거북

등딱지에 나란히 솟아 있는 세 줄의 돌기가 모든 공격을 튕겨 내는 방패 역할을 한다. 발톱이 날카로우며 인간의 손가락 정도는 이빨로 쉽게 잘라 버린다. 혀끝에 달린 붉은 돌기를 지렁이로 속여 사냥감이 다가오면 덮치는 전략을 사용할만큼 똑똑하다.

공포 생물 정보
- 몸길이 : 60~80cm
- 몸길이 : 약 100kg

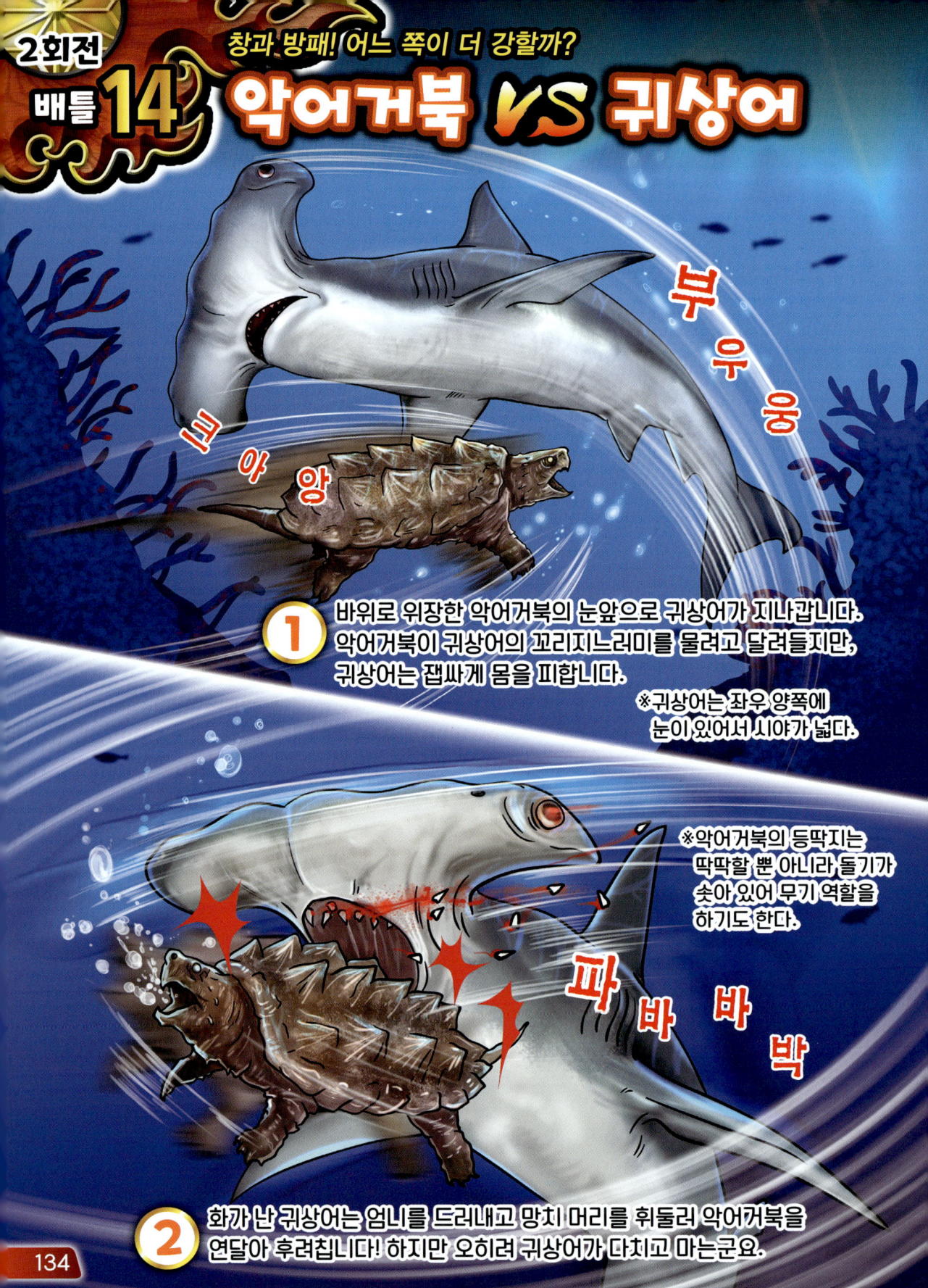

공포 생물 #47 멧돼지

배틀 유형	
파워 태클	S
엄니 공격	S
물어뜯기	A
들어 던지기	A

공포 생물 정보
▶ 몸길이 : 1.1~1.7m
▶ 몸무게 : 100~180kg

단번에 상대를 넘어트리는 태클의 고수

수풀에 숨어 있다가 사냥감에게 일직선으로 돌진해 100kg이 넘는 덩치로 태클을 건다. 상대가 쓰러지면 틈을 주지 않고 엄니와 강력한 턱으로 목숨을 끊어 버린다. 코로 상대방을 치켜들어 땅으로 내려치기도 한다. 높은 번식력으로 개체 수가 늘고 있다.

총 16회 배틀 2회전 결과 발표

배틀 1	🔴 에조불곰	VS	⚫ 일본족제비
배틀 2	⚫ 북방여우	VS	🔴 일본원숭이
배틀 3	🔴 물소	VS	⚫ 날다람쥐
배틀 4	🔴 백상아리	VS	⚫ 일본수달
배틀 5	🔴 범고래	VS	⚫ 스톤피시
배틀 6	🔴 반달가슴곰	VS	⚫ 투계
배틀 7	🔴 투우	VS	⚫ 늑대거북
배틀 8	🔴 유혈목이	VS	⚫ 대륙사슴
배틀 9	🔴 일본늑대	VS	⚫ 큰부리까마귀
배틀 10	🔴 참수리	VS	⚫ 너구리
배틀 11	🔴 장수말벌	VS	⚫ 고슴도치
배틀 12	🔴 투견	VS	⚫ 라쿤
배틀 13	🔴 엘리게이터 가아	VS	⚫ 뉴트리아
배틀 14	🔴 악어거북	VS	⚫ 귀상어
배틀 15	🔴 멧돼지	VS	⚫ 대만반시뱀
배틀 16	🔴 몽구스	VS	⚫ 블래키스톤물고기잡이부엉이

우선 진출권을 받은 생물이 생각보다 어려운 시합을 치르다!

전투력이 낮은 참가자가 실력자를 이긴 시합은 북방여우에게 이긴 일본원숭이뿐이다. 결과적으로는 우선 진출권을 받은 생물의 높은 수준이 드러났지만, 배틀 중반까지 싸움에서 우세한 쪽은 1회전에서 승리한 생물이었다. 그러나 우선 진출권을 받은 생물의 전투력이 확실히 남달랐고 특히 두뇌를 이용해 싸운 대결이 눈에 띄었다. 또한 1회전과는 달리, 2회전에서는 유혈목이와 장수말벌이 독 공격의 위력을 보여 주었다. 땅 위와 물속, 땅 위와 공중을 무대로 한 배틀에서는 단 한 번의 공격으로 승패가 갈렸다. 3회전에서는 한순간의 방심만으로도 생명이 위태로워질 것이다.

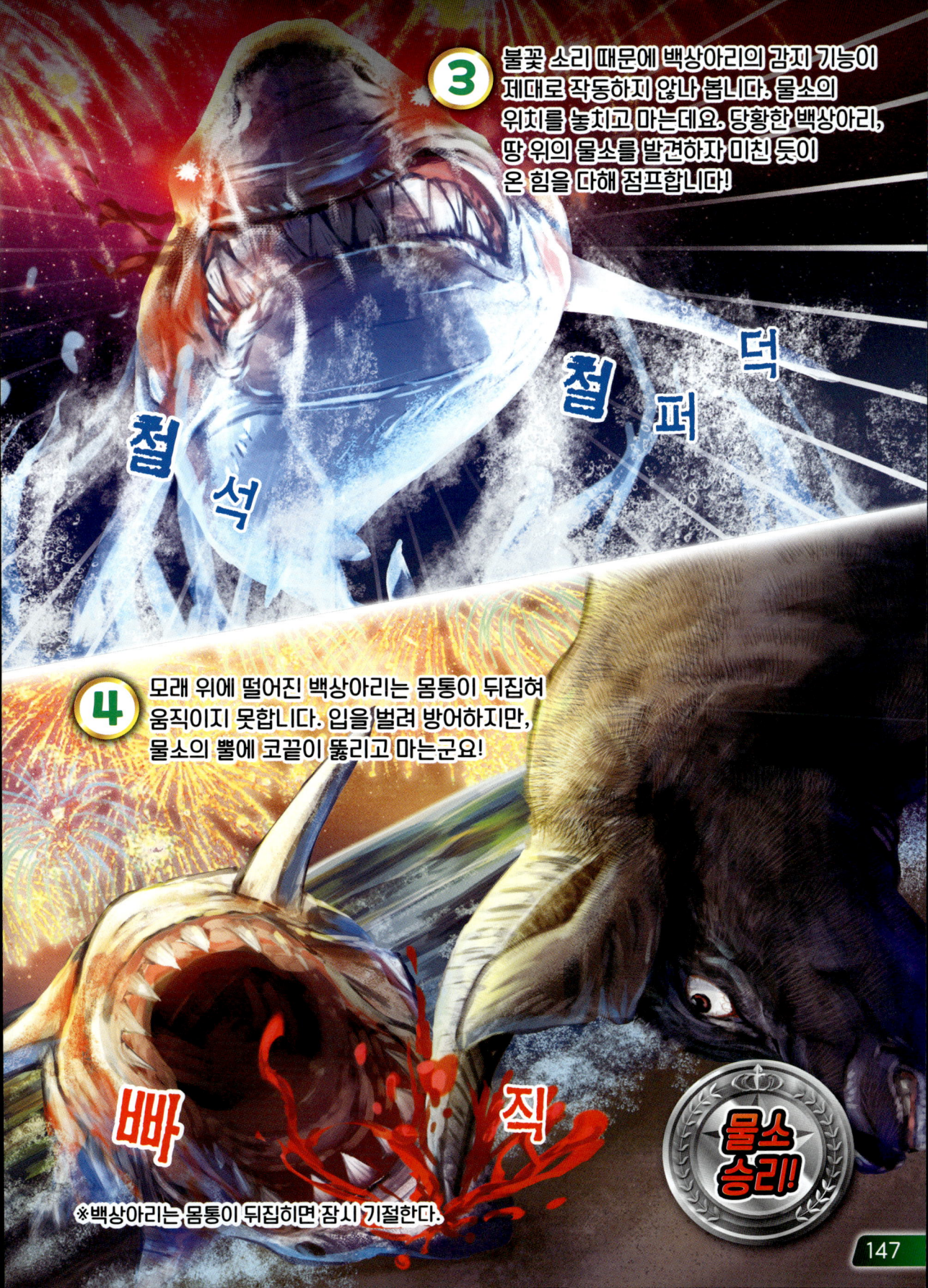

진화하여 더 위험해진 생물!

산과 바다, 땅 밑에서 끊임없이 진화를 거듭하는 생물들.
만약 이렇게 진화한 생물이 인간 앞에 나타난다면 인류는 위험에 처할지도 모른다.

❶ 미래에는? 멧돼지와 돼지 사이에서 태어난 잡종 돼지

일본 곳곳에서 멧돼지가 서식하고 있다. 하지만 홋카이도에는 멧돼지가 아닌, 멧돼지와 돼지 사이에서 태어난 잡종 돼지가 서식한다. 잡종 돼지는 멧돼지를 개량해 가축화했다는 설과 자연적으로 발생했다는 설이 있다. 확실한 것은 야생화한 잡종 돼지가 가축뿐 아니라, 인간에게 피해를 주고 있다는 사실이다. 잡종 돼지의 번식력은 멧돼지의 다섯 배에 이를 정도로 왕성하다.

1년도 지나지 않아 100kg이 넘는 중량급으로 성장한다!

❷ 미래에는? 도시의 풍부한 먹을거리로 인해 거대해진 시궁쥐

소형 생물도 잡아먹는 잡식성이며 성질이 사나워서 인간도 공격한다!

쥐의 천적은 고양이다. 하지만 쥐가 고양이보다 덩치가 커지면 어떻게 될까? 도시에 사는 시궁쥐는 인간의 음식을 먹고 몸집이 점점 거대해져 60cm가 넘는 개체가 발견되기도 한다. 번식력 또한 높아서 위협적이다. 시궁쥐는 하수도 등의 지하에 숨어 지내는 일이 많아서 좀처럼 인간의 눈에 띄지 않지만, 인간이 생활하는 곳의 땅 밑은 거대한 몸집의 시궁쥐가 점령하고 있다.

바로 지금, 우리 주변의 생물도 점점 위험해지고 있다!

③ 미래에는? 약 20마리의 몽구스가 1만 마리 이상으로 늘어난다!

일본 오키나와에서는 사탕수수밭을 망치는 반시뱀을 퇴치하기 위해 몽구스를 도입하였다. 하지만 야행성인 반시뱀과는 달리 낮에 활동하는 몽구스는 서로 마주칠 일이 없어 목적을 달성할 수 없었다. 오히려 몽구스가 반시뱀 외 생물을 포획하고 번식하여 최고 1만 마리 이상 늘어나기도 했다. 더구나 몽구스의 천적이 일본에 존재하지 않아서 그야말로 몽구스 천하인 상황이 되었다. 이제 반시뱀 제거보다 몽구스 제거가 우선 과제가 되고 말았다.

도시에 적응해 살아가며 감염증 등의 피해가 발생하기도 한다.

④ 미래에는? 강이나 민물로 진출하는 백상아리

사냥감에 머리를 맞대고 물어뜯는다! 거친 성질로는 상어 중 No.1

과거에는 갯바위 낚시나 해수욕을 하면서 상어와 마주칠 일이 거의 없었다. 하지만 지구 온난화의 영향으로 바닷가 근처에서 상어가 목격되며, 백상아리는 강에서 어린 개체가 발견되기도 했다. 백상아리는 원래 민물에서도 서식하며 중남미의 아마존강이나 니카라과호수에 서식하는 것으로도 유명하다. 상어는 강을 100km 이상 거슬러 올라갈 수 있다. 만약 어린 개체가 아닌 몸길이 4m, 300kg 정도의 상어가 주변 강에 나타난다면 강에서 낚시를 즐기는 일은 불가능해질 것이다.

험난한 자연환경에서 장기전이 되어 버린 배틀

거친 파도와 얼음 위, 강풍과 화염 속, 눈밭 위처럼 날씨와 결투장의 환경이 변화하는 가운데 승패를 결정지은 것은 변화에 대한 적응력이었다. 물소가 물가에서 백상아리를 이기고 반달가슴곰이 바다에서 범고래를 제압한 것처럼 본래 물속을 터전으로 삼는 대형 생물을 전략적으로 궁지에 몰아넣었다. 또한 3회전에서는 몸을 숨기거나 도망치는 방법이 통하지 않았다. 결투장의 특징을 배틀에 이용해 상대방이 잠깐 방심한 사이를 놓치지 않은 것이 승리로 이어졌다. 준준결승부터의 대결은 이러한 전략 가운데 정면 승부 대결도 펼쳐질 전망이다.

에조불곰 vs 물소 →P166

반달가슴곰 vs 유혈목이 →P168

준준결승 & 준결승

일본늑대 vs 장수말벌 →P170

악어거북 vs 멧돼지 →P172

준준결승 & 준결승 대전표

공포생물

승리를 거둔 8종 생물이

무지막지한 파워로 상대를 굴복시키다!

에조불곰

거대 전차처럼 돌진하다!

물소

갈고리발톱을 휘둘러 제압하다!

반달가슴곰

이중 독 공격으로 숨통을 끊는다!
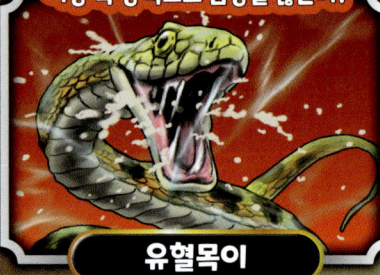
유혈목이

준결승

결승 진출

← **토너먼트 배틀 포인트**
근접전이 주특기인 참가자들이다. 부상 없는 승리보다 다칠 각오로 공격을 시도하는 자세가 필요하다. 결투장의 특성을 어떻게 활용하는지도 중요하다.

베스트8 확정!

최강자의 자리를 노리다!

결승 진출

준결승

토너먼트 배틀 포인트 →
소형과 중형 생물의 대결이다. 주도권을 잡으려면 상대가 능력을 발휘하기 전에 제압하는 전략이 필요하다. 체력을 유지하며 언제쯤 필살기를 사용할지 눈여겨봐야 한다.

전장을 용감하게 누비다!
일본늑대

공중에서 무리 지어 연속 공격을 가하다!
장수말벌

한번 물면 놓지 않는다!
악어거북

몸통으로 들이받고 엄니로 제압하다!
멧돼지

살아남기 위한 공포 생물의 습성!

생존 기술 1 겨울 동안 참았던 배설물을 봄에 배출하는 불곰

불곰은 가을에 도토리나 머루 등 영양이 풍부한 먹이를 잔뜩 먹어 에너지를 비축한다. 겨울잠에 들기 전에는 식사량을 줄여 뱃속을 정돈한다. 곰은 겨울잠에 들어가더라도 위험이 다가오면 잠에서 깨어나기도 한다. 깊은 잠에 들지 않는 반수면 상태이다. 하지만 한번 굴에 들어가면 봄까지 먹지도 마시지도 않으며 배설도 하지 않는다. 배설물을 뱃속에 쌓아 두고, 봄이 되면 굴에서 나와 쌓여 있던 노폐물을 한 번에 배설한다.

겨울잠에 들어가기 전에 영양을 비축하려고 사람이 사는 마을로 내려와 인간을 공격하는 일이 잦다.

생존 기술 2 대장은 없지만, 동료 의식이 강한 일본원숭이

동물원에 사는 일본원숭이는 한정된 구역에서 수컷과 암컷이 생활하기 때문에 먹이다툼이 생기고, 무리의 우두머리가 존재한다. 하지만 야생에서의 일본원숭이는 다 성장한 수컷이 무리에서 떨어져 나가고 어미 원숭이와 자식들만 생활하므로 우두머리가 존재하지 않는다. 위험을 느끼고 자식을 보호하기 위해 도움을 청할 때 어미 원숭이는 10종류 이상의 울음소리를 내며 의사소통한다.

새끼 원숭이를 보호하는 어미 원숭이. 생후 1개월 무렵까지 가슴에 품어 유대를 형성한다.

공포 생물에게도 천적은 존재한다. 험난한 자연환경에서 살아남기 위해 인간의 상상을 초월하는 습성을 갖게 된 생물들을 살펴본다.

생존 기술 3 여기저기 집을 만들어 방랑하는 흰코사향고양이

산에 서식하는 흰코사향고양이는 나무 구멍이나 동굴에 여러 개의 보금자리를 만들어 두고 이곳저곳으로 이동한다. 먹잇감 근처에 집을 만드는 습성이 있어서 지붕 밑이나 창고처럼 인간이 사는 장소에도 집을 만든다. 일시적으로 무리를 이루기도 하지만 기본적으로 단독 생활을 하고, 시기마다 사냥터를 바꾸며 집을 옮긴다. 인간에게 집이란 안락한 삶을 누리기 위한 공간이지만, 흰코사향고양이에게 집이란 먹이를 얻기 위한 근거지인 셈이다.

중국, 일본 등 흰코사향고양이가 서식하는 곳에서는 집을 옮기는 흰코사향고양이를 목격한 사례가 많다.

생존 기술 4 아가미와 2개의 폐로 호흡하는 엘리게이터 가아

서식 지역이 넓어서 일본에서는 강, 하천뿐만 아니라 나고야성 주변의 연못에서 발견된 적이 있다.

어류인 엘리게이터 가아는 기본적으로 아가미로 호흡한다. 하지만 수온 변화에 따라 폐로 호흡할 때도 있다. 더구나 폐가 2개여서 하나는 부력(부레)으로, 다른 하나는 호흡하는 데 사용한다. 물 밖으로 입을 내밀고 산소를 흡수해 아가미로 이산화탄소를 배출하는 구조이다. 추운 시기에는 아가미로 호흡하고 따뜻한 시기에는 폐호흡의 비율이 늘어나 모든 환경 변화에 대응하는 하이브리드 어류인 셈이다.

살아남기 위한 공포 생물의 습성

생존 기술 5 — 9개의 뇌와 3개의 심장을 가진 파란고리문어

문어는 '지구 밖 생명체'라고 표현되기도 한다. 생김새뿐만 아니라 다른 생물과는 몸의 구조가 많이 다르기 때문이다. 우선, 몸에 뇌가 하나 있지만 그 외에 8개의 다리에도 뇌가 존재한다. 그래서 8개의 다리를 제각기 움직일 수 있는 것이다. 또한 심장이 3개라는 점도 놀랍다. 산소량을 늘려 민첩한 움직임을 실현하는 것이다. 파란고리문어는 이러한 특별한 몸 구조에 맹독까지 가진 고성능 생명체인 셈이다. 만약 땅 위에 이러한 구조의 생물이 존재한다면 대적할 상대가 없을 것이다.

파란고리문어는 복어와 같은 종류의 독성을 지녔으며 최악의 상황에는 호흡 곤란이나 목숨을 잃는 일도 발생한다.

생존 기술 6 — 두꺼비를 잡아먹고 독을 저장하는 유혈목이

유혈목이는 물고기나 올챙이 같은 수생 생물을 잡아먹는다. 물가를 벗어나면 개구리도 잡아먹는다. 먹잇감에는 다른 뱀이 꺼리는 독두꺼비도 포함된다. 오히려 즐겨 잡아먹기도 하는데, 두꺼비의 독을 자기 몸에 저장하는 특성 때문이다. 이렇듯 유혈목이는 다른 뱀에게는 없는 능력이 있다. 유혈목이가 두꺼비에게서 얻은 독에 쏘이면 환각을 일으킬 수 있다.

중국에 서식하는 유혈목이는 반딧불이 유충을 먹어 독을 얻는다는 연구 결과가 있다.

생존 기술 7 혀에 달린 길쭉한 기관으로 낚시하는 악어거북

갑옷처럼 단단한 등딱지와 먹이를 잘게 찢는 발톱, 무엇이든 으스러뜨리는 턱을 가진 악어거북은 마치 무적함대 같다. 공격력과 방어력 모두 뛰어나지만, 먹이를 사냥할 때는 의외로 기다리는 전략을 사용한다. 입 안 혀의 변형 기관(물고기로 위장한 미끼인 루어와 비슷한 역할)을 교묘하게 움직여 물고기를 유인한 뒤, 사정거리 안에 들어오면 꿀꺽 삼켜 버린다. 또한 목 주변의 가시처럼 생긴 돌기로 물속 생물의 움직임을 감지해 한번 노린 생물은 절대 놓치지 않는다.

악어거북은 어류, 갑각류, 양서류, 파충류 등 무엇이든 잡아먹는 잡식성이다.

생존 기술 8 뚜껑을 닫고 6개월간 잠을 자는 아프리카왕달팽이

껍데기의 높이가 20cm나 되는 세계 최대 크기의 달팽이다. 이 껍데기에 들어가 몸을 거대화하는 소라게가 존재한다.

한 번에 낳는 알의 개수가 100~1,000개나 되며 1년 만에 성체로 자랄 정도로 번식력과 성장 속도가 왕성하다. 건조에 강하며 껍데기 안에서 외부의 적으로부터 몸을 보호하는 방어력을 갖추었다. 더구나 껍데기의 입구를 닫고 가수면(의식이 반쯤 깨어 있는 상태에서 자는 옅은 잠) 상태에 들어가 6개월 이상을 버틸 수도 있다. 최근에는 거머리처럼 생긴 '뉴기니평지벌레'라는 외래종이 아프리카왕달팽이를 잡아먹는다고 보고되고 있지만, 이들 모두 생태계를 위협하는 존재이다.

준준결승 & 준결승 결과 발표

총 6회

준준결승 ❶
에조불곰 VS 물소

준준결승 ❸
일본늑대 VS 장수말벌

준준결승 ❷
반달가슴곰 VS 유혈목이

준준결승 ❹
악어거북 VS 멧돼지

준결승 ❶
에조불곰 VS 유혈목이

준결승 ❷
일본늑대 VS 멧돼지

전략일까? 우연일까? 결투장의 함정이 승부를 가르다!

준준결승을 치른 네 시합의 공통점은 결투장에 함정이 존재했다는 것이다. 에조불곰은 물소의 배설물을 밟고 미끄러지는 바람에 목숨을 구했다. 유혈목이는 강에 빠져 형세가 뒤집히는 바람에 승리를 거뒀다. 장수말벌은 정원의 연못에 집이 통째로 떨어졌고 악어거북은 멧돼지가 파놓은 구멍에 빠져 패하고 말았다. 준결승에서는 상대를 서서히 지치게 하다 마지막까지 체력으로 버티는 쪽이 승리를 거두는 전혀 다른 방식의 시합이 펼쳐졌다. 결승전에서 승리하려면 공격과 방어, 민첩성 등의 전투력은 물론이고 전략과 함께 결투장을 활용할 줄도 알아야 한다.

정상이 멀지 않았다!

결승 진출을 확정한 참가자의
전략은 무엇일까?

에조불곰

상대방의 기습 공격을 받아치며 두뇌와 전술로 강자를 제압한다!

전투력	
5	파워
4	스피드
5	난폭성
4	지능
5	기술

파워를 발휘하기 위한 기술 사용!

결승전까지 에조불곰의 배틀 결과

1 회전		배틀 우선 진출권을 받아 통과
2 회전	VS 일본족제비	도토리로 코를 막아 일본족제비의 악취를 피하는 한편, 갈고리발톱을 휘둘러 상대를 제압했다.
3 회전	VS 일본원숭이	흔들 다리 위에서 벌어진 대결 중 계곡에 떨어질 뻔했지만, 몸을 던져 버티면서 상대를 물리쳤다.
준준결승	VS 물소	배설물을 밟아 넘어진 것이 오히려 도움이 되어 자만한 물소에게 역전승을 거두었다.
준결승	VS 유혈목이	독 공격을 받아 대량 출혈을 일으켰지만, 마지막까지 투쟁심을 발휘해 연타를 날리며 상대를 쓰러뜨렸다.

적의 움직임을 끝까지 살피다 작전을 펼치는 유형!

에조불곰의 체격 조건이 뛰어나 모든 배틀 상대가 기습 공격을 펼친다. 하지만 에조불곰은 상대의 기습 공격을 몸으로 막거나 빠르게 피하면서 필살기로 공격할 기회를 노리는 유형이다. 전투 기술과 지능으로 전략적인 부분도 갖추었지만, 다부진 체격을 이용해 다칠 각오로 상대의 숨통을 노리는 공격이 가장 위협적이다.
결승 상대인 멧돼지는 이제까지 싸워 온 생물보다 파워와 스피드가 뛰어나 제대로 맞붙으면 반격하기 어려울 것이다. 에조불곰은 과연 공격의 주도권을 잡을 수 있을까?

에조불곰과 멧돼지 모두 파워와 스피드, 기술과 지능을 두루 발휘해 승리를 거두었다. 실력이 팽팽한 만큼 전략은 물론이고 결투장을 얼마나 효율적으로 이용하는지에 따라 승패가 갈릴 것이다.

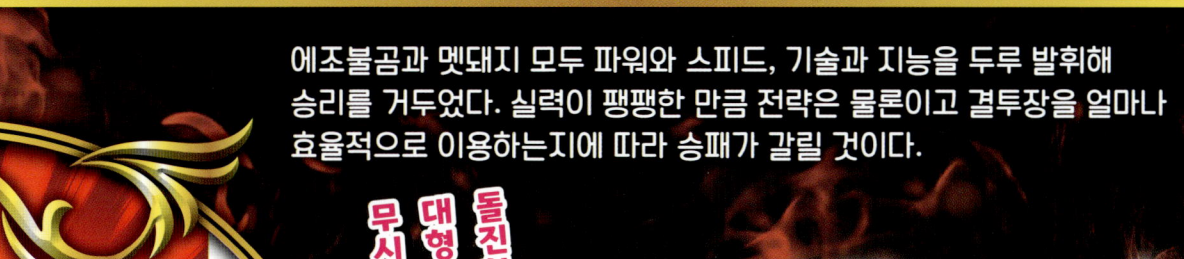

돌진하며 파워가 증폭한다! 대형 생물도 쓰러뜨리는 무시무시한 태클!

멧돼지

비교	
파워	4
스피드	5
난폭성	5
지능	5
기술	4

예측 불가! 돌격 본능으로 도발하다!

결승전까지 멧돼지의 배틀 결과

1회전		배틀 우선 진출권을 받아 통과
2회전	VS 대만반시뱀	연속되는 독 공격에 힘든 시합을 치렀지만, 마지막에 엉덩이 공격으로 상대를 깔아뭉갰다.
3회전	VS 몽구스	도망쳐서 몸을 숨기는 상대의 전략에 휘둘렸지만, 힘으로 제압해 굴복시켰다.
준준결승	VS 악어거북	악어거북에게 물려 큰 상처를 입었지만, 함정을 이용한 두뇌 플레이로 간신히 승리했다.
준결승	VS 일본늑대	눈이 잔뜩 쌓인 곳에서 불리한 싸움을 펼쳤지만, 주특기인 돌진해 들이받는 마지막 공격이 적중했다.

다치면서도 젖 먹던 힘까지 짜내 버티는 전략!

먹이를 찾아 넓은 지역을 누비는 생존 능력을 배틀에서도 발휘했다. 2회전과 3회전은 체격이 작은 상대에게 두뇌를 쓰다가 막판에는 힘으로 때려눕혔다. 준준결승부터는 자칫 잘못했다가 패할 뻔한 싸움이었다. 강인한 체력으로 이길 수 있는 기회를 잡아 상대를 확실히 제압한 덕에 마지막까지 공격력을 발휘할 수 있었다. 결승 상대인 에조불곰은 파워만으로 이길 수 있는 상대가 아니다. 경기를 유리하게 이끌려면 결투장을 넓게 사용해야 한다!

최종 결과 발표

우승 멧돼지

정상까지 단숨에 올라서다!

몸통으로 들이받는 기술 외에도 엄니로 공격하고 예측할 수 없게 움직이는 등 정면 승부를 펼쳤다. 언제나 전략을 세워 공격했으며 마지막에는 체력으로 승부를 걸었다.

준우승 에조불곰

약점을 철통 방어!

어떤 공격도 막아 내는 방어력을 갖췄으며 펀치 한 방으로 상대를 무너트린다. 결승전에서는 순간의 빈틈이 패배로 이어지고 말았다.

3위 유혈목이
이중 독 공격만으로 위력 발휘

3위 일본늑대
전장을 이리저리 누비는 싸움꾼

공포 생물 배틀의 명장면 베스트6

2회전

▲창문에 비친 너구리를 진짜 너구리로 착각해 창문에 충돌한 참수리!

2회전

▲악어거북에게 물려 바스러진 귀상어의 이빨!

3회전

◀투견이 들판의 불길에 휩싸인 사이, 기회를 잡은 장수말벌!

준준결승

▲반달가슴곰의 눈을 노린 유혈목이의 독 공격!

준결승

▲점프하는 일본늑대의 배를 엄니로 피른 멧돼지의 전략!

결승

◀물을 뿜는 분수의 타이밍에 공격하는 에조불곰과 멧돼지의 대결!

공포 생물 색인

이 책에 등장하는 위험 생물을 ㄱㄴㄷ순으로 찾아보자.

- 국립생태원에서 지정한 '멸종 생물', '멸종 위기 야생 생물', '생태계 교란 생물', '유입 주의 생물'을 표기하였다.
- 표시한 숫자는 해당 공포 생물을 소개하는 페이지를 나타낸다.

ㄱ
- 고깔해파리 ---------- 33
- 고슴도치 ---------- 64
- 귀상어 ---------- 76

ㄴ
- 날다람쥐 ---------- 28
- 너구리 ---------- 61
- 넓은띠큰바다뱀 ---------- 60
- 노랑가오리 ---------- 77
- 뉴트리아 (생태계 교란 생물) ---------- 73
- 늑대거북 (생태계 교란 생물) ---------- 44

ㄷ
- 대륙사슴 (멸종 위기 야생 생물) ---------- 48
- 대만반시뱀 ---------- 80

ㄹ
- 라쿤 (생태계 위해 우려 생물) ---------- 68

ㅁ
- 멧돼지 ---------- 136
- 몽구스 ---------- 137
- 무태장어 ---------- 72
- 물소 ---------- 96

ㅂ
- 반달가슴곰 (멸종 위기 야생 생물) ---------- 103
- 백상아리 ---------- 97
- 범고래 ---------- 102
- 북방여우 ---------- 91
- 붉은등과부거미 ---------- 69
- 붉은머리왕지네 ---------- 41
- 붉은불개미 (생태계 교란 생물) ---------- 24
- 블래키스톤물고기잡이부엉이 ---------- 84

ㅅ
- 산거머리 ---------- 49
- 산양 (멸종 위기 야생 생물) ---------- 20
- 살쾡이 (멸종 위기 야생 생물) ---------- 45
- 수수두꺼비 (유입 주의 생물) ---------- 57
- 스톤피시 ---------- 37
- 시궁쥐 ---------- 81

ㅇ
- 아프리카왕달팽이 ---------- 85
- 악어거북 (생태계 교란 생물) ---------- 131
- 에조불곰 ---------- 90
- 엘리게이터 가아 ---------- 130
- 유혈목이 ---------- 109
- 일본늑대 (멸종 생물) ---------- 118
- 일본수달 (멸종 생물) ---------- 32

일본원숭이 ---------- 25	**ㅌ**
일본족제비(멸종 위기 야생 생물) -- 21	**투견** ---------- 125
	투계 ---------- 40
ㅈ	**투우** ---------- 108
작은갈색전갈 ---------- 65	
장수말벌 ---------- 124	**ㅍ**
	파란고리문어 ---------- 36
ㅊ	
참수리(멸종 위기 야생 생물) ----- 119	**ㅎ**
	흰코사향고양이 ---------- 29
ㅋ	
큰부리까마귀 ---------- 56	

BATTLE

신기하고 놀라운
인공 지능의 세계!

《우리 아이 창의력을 키워 주는 똑똑한 인공지능백과》에서 인공 지능에 관한 궁금증을 모두 해결해 보세요.

김수경 지음, 정주연 그림, 김선주 감수

호기심을 풀어 주는
어린이 과학 백과 전16권